孩子的潜能

名校长写给父母的教养方法

冯恩洪 刘长铭 詹大年 等著

中信出版集团|北京

图书在版编目（CIP）数据

孩子的潜能：名校长写给父母的教养方法 / 冯恩洪
等著 . -- 北京：中信出版社，2023.4
ISBN 978-7-5217-5417-9

I. ①孩⋯　II. ①冯⋯　III. ①儿童教育－家庭教育
IV. ① G782

中国国家版本馆 CIP 数据核字 (2023) 第 033766 号

孩子的潜能——名校长写给父母的教养方法
著者：　　冯恩洪　刘长铭　詹大年　等
出版发行：中信出版集团股份有限公司
　　　　　（北京市朝阳区东三环北路 27 号嘉铭中心　邮编　100020）
承印者：　宝蕾元仁浩（天津）印刷有限公司

开本：880mm×1230mm 1/32　印张：7.5　字数：137 千字
版次：2023 年 4 月第 1 版　　　　印次：2023 年 4 月第 1 次印刷
书号：ISBN 978-7-5217-5417-9
定价：49.00 元

版权所有·侵权必究
如有印刷、装订问题，本公司负责调换。
服务热线：400-600-8099
投稿邮箱：author@citicpub.com

教育的奇迹,
往往就诞生于父母"无限相信"的信念与努力之中。

目 录

推荐序 1

教育要培养出有意义的个人·杨东平　VII

推荐序 2

父母的最大优势是发现孩子的个性与潜能·孙云晓　XIII

第一章

每个孩子都有自己的潜力

教育的奇迹，往往就诞生于父母"无限相信"的信念与努力之中。我们应该尊重孩子的个性差异，找到并帮助他们发掘内在优势。

任何时候，都要弄清养育孩子的目标　003

有个性的教育，培养有个性的孩子　012

成才的孩子没有"齐步走"　022

补短教育压抑人，扬长教育塑造人　031

孩子会玩也是一种成长　040

哪有什么"第十名现象"　048

第二章

高质量陪伴：
学会发现孩子身上的闪光点

父母不要把自己当成孩子成长的参与者，而是当成陪伴者。学会发掘孩子的兴趣点和专注点；用平等的交流、积极的引导和耐心的陪伴来为孩子建立面对未来世界的信心。

孩子需要有整体认知世界的机会　059

幸福的孩子，是有"精气神"的孩子　067

好的关系，才是好的教育　077

跟孩子拼持久力，而不是拼情绪爆发力　087

让孩子打开眼界与格局　098

第三章

唤醒内驱力：
让孩子感受到自我价值

每个孩子都有内在的生命动力，有成长的渴望，我们一定要相信这样的内在力量。当孩子的内驱力真正被调动起来，孩子就会想学习并主动去学习。

批评是叫孩子"抬头"，而不是"低头"　107

孩子天生爱学习　116

成长比成功更重要，成人比成绩更重要　125

尊重孩子未来的无限可能性　134

培养孩子的成长型思维　145

教育的本质是让孩子成为他自己　154

第四章

能力培养：
打牢孩子人生的基础

教育要培养什么？培养的应该是孩子的能力和品格。父母也要改变自己的认知，不再把提高成绩作为孩子提升能力的唯一途径。在一定意义上，能力比知识更重要。

我们要站在未来培养孩子　165

美育给孩子另一种语言　174

让孩子像科学家一样思考　182

从生活中锻造能力和品格　191

保护叛逆，就是保护创新　199

在孩子心中播下"做君子"的种子　211

推荐序 1

教育要培养出有意义的个人

国家教育咨询委员会委员
21 世纪教育研究院名誉院长

杨东平

今天，尽管孩子接受教育的方式越来越多，但当我们谈到教育时，首先感到的还是不满意。清华大学的钱颖一教授在一篇文章中写道，他观察到当代大学生身上有七个普遍现象，其中就包括迷茫、焦虑、纠结、内卷等。很多在校大学生都有个困惑：到底是上学更重要，还是参加社会活动更重要？其实在我看来，这完全取决于孩子如何认识学习，如何规划自己的学习，或者说对学习重要性的认知来源于孩子自己的内心。

对孩子的学习和成长而言，我认为最重要的是好奇心。孩子对某个事物、某个学科到底有没有兴趣、是不是喜欢，这是规划不出来的，有就是有，没有就是没有。在学习中还有一个非常重要的方面，就是价值观养成，也就是孩子要明白，自己为什么而学习。在今天这个时代，社会价值正在变得越来越多元化，也越来越碎片化，越是这样的时候，价值观的养成就越重要。

美国当代哲学家、芝加哥大学教授玛莎·努斯鲍姆写了一本书，叫《功利教育批判》。为什么要批判功利教育？因为功利教育是服务于经济增长的教育，但它却导致最富有人文的特征——想象力、创造力、严谨的批判性思维等节节败退。这是教育的一个悲剧。在努斯鲍姆看来，教育不仅仅要培养公民素质，培养各类技能和职业的人，更重要的是培养出使自己的生活有意义的个人。

我们可能很少听到"有意义的个人"这样的表达，因为过去我们只是将普通教育与职业教育区分开来，就像苏霍姆林斯基所说，我们要培养的首先是未来的丈夫和妻子、父亲和母亲，而不仅仅是工程师和医生。而努斯鲍姆帮我们做了另外一重区分，不论是丈夫、妻子，还是父亲、母亲，一个有意义的个人，首先是一个具有自己内心价值的人。

2015年，联合国教科文组织出了一个研究报告——《反思教育：向"全球共同利益"的理念转变？》。它是针对全球性的、全社会性的教育国家化、功利化而提出来的。该报告认为，教育应该以人文主义为基础，以尊重生命和人类尊严、权利平等、社会正义、文化多样性、国际团结等，为可持续的未来承担共同责任。因此，在教育方面，要超越狭隘的功利主义和经济主义，将人类生存的多个方面融合起来。该报告还认为，我们必须超越单纯的功利主义观点，以及众多国际发展讨论体现出的人力资本理念，因为教育不仅关系到获取技能，还涉及尊重生命和人格尊严的价值观。

当然，教育孩子是一件复杂的事，它既需要社会、学校从更高远的角度来对孩子实施恰当的教育，也需要家庭为孩子营造良好的教育和成长环境。尤其是家庭教育的功能，是社会和学校不能代替的。因为社会和学校都是遵照统一的进度、统一的课程，面向大多数孩子提供的也只是一种公共的、普遍的教育，很难真正关注到每一个孩子的差异培养。针对每一个孩子个别的关注、指导和教育，必须由家庭和家长来完成。这就是社会教育、学校教育与家庭教育的功能划分。

关于家庭教育的作用，我来讲一个"差生"逆袭的励志故事。有一个孩子，从小到大都是"差生"，中学生物老师在给他的评语中写道："我知道你喜欢生物，但你想在这条路上走下去是毫无希望的。"在这种情况下，只有一个人对这个孩子抱有信心，就是他的母亲。这位母亲坚信自己的儿子在生物领域极具天赋，因为暑假带儿子去公园玩时，他耐心地蹲在地上数了两千条毛毛虫。于是，母亲就鼓励他坚持自己的爱好，并给予了他极大的支持和帮助。2012年，这位"差生"荣获了诺贝尔生理学或医学奖，他就是英国科学家约翰·格登。

从这个故事中不难看出，家庭教育对孩子的成长和未来发展起着至关重要的作用。一方面，家长可以在日常生活、人际交往中，引导和培养孩子形成良好的品质；另一方面，家长还能帮助孩子找到自己的特长和优势，并使其充分发挥。我们常说："教育的真谛，就是让孩子做最好的自己。"这也意味着，家长对孩子的教育并不是不断地给孩子灌输教科书上的知识，而是想方设法点燃孩子心中的火焰，鼓励他们勇敢地去尝试不同的事情和自己喜欢的事情，帮助他们找到自己真正的热爱，展示出自己的天赋潜能，成为一个真正有意义的个人。这，才是家长的终极使命。

如果家长只是把教育作为一块敲门砖、一个功利性的尤其是短期功利性的工具，或者只是为了让孩子得到一个名校的文凭，那是很容易做到的，但却是极不负责任的，那是对孩子青春和成长历程的浪费。在很大程度上，这一切所要满足的不过是家长的虚荣心。

《孩子的潜能》中的内容，都是各位名校长根据自己对教育的理解，以及多年的教育教学经验等，写给家长的一些非常实用的教养方法，其中的很多事例、观点等都让我深有感触。

比如书中提到,当前很多家长对孩子的教育充满了"焦虑",为此逼着孩子学习各种各样的知识、技能,甚至以牺牲孩子的健康成长为代价。试问,作为家长,你真的清楚自己身上肩负的重要使命吗?其实,未来的竞争将越来越不是"争第一",而是"找唯一"——找到不同于他人的、真正属于自己的独特优势。因为教育的真谛是让孩子发挥自己的潜能,成为更好的自己。没有个性,就没有真正的成长。

巴菲特曾说,家长唯一应该为孩子做的事情,就是找到孩子的热情所在,鼓励他全力以赴地去追求,并发挥得淋漓尽致。当然,找到热情是一个辛苦而又玄妙的过程,需要很大的自由空间,家长如果经常给孩子施加压力,只会适得其反。家长只要告诉孩子,在做选择时,不要考虑地位、回报或收入,要问心中的真诚和共鸣。

这种观点我很认同。在最理想的情况下,一个家长能为孩子做的,就是提供尽可能宽松的成长环境,并在此过程中鉴别和认识孩子真正的爱好和习性,对其加以引导和培养。就像俞平伯提到的一个教育理念——"大水养鱼",池子越大,水越多,鱼越有可能长得更大、更健康。

作为教育者,我们希望家长能为孩子创设宽松的环境,让孩子自由、快乐、有尊严地成长,同时也希望社会、学校这样的教育环境能更好地保护和培养孩子的个性、创造力和好奇心,让每个孩子都可以尽情地发挥自己的潜能,成为一个具有学习能力、适应能力和创造能力的人,一个能够使自己的生活有意义的人。

推荐序 2

父母的最大优势是发现孩子的个性与潜能

中国青少年研究中心家庭教育首席专家、研究员
中国家庭教育学会副会长

孙云晓

很多父母一心想让孩子接近学霸、学习学霸、成为学霸，为了把孩子培养成学霸，他们更是做了很多努力：从孩子刚出生起，就为他准备最好的教育资源，不但幼儿园要找最好的，小学、中学也都要最好的；孩子上学后，减少甚至取消孩子玩耍的时间，要求孩子争分夺秒地学习。这一切看似是为孩子好，殊不知已经为孩子的成长埋下了深深的隐患。

我在中国青少年研究中心工作了近 30 年，主持或参与了大量的调查研究。我们曾经对中、美、日、韩四国的中小学生进行对比研究，结果发现，中国的父母与孩子在一起时，谈论最多的是学习问题，而这有限的话题使得亲子冲突数量最大，问题也最严重。父母过度关注孩子的学业成绩，就容易忽视孩子的个性、潜能发展及其情感需要，导致孩子的个性得不到发

展,潜能被磨灭,情感变得枯竭,心理问题日益严重。中国科学院心理研究所发布的《2022年青少年心理健康状况调查报告》显示,约14.8%的青少年存在不同程度的抑郁风险,其中4.0%的青少年属于严重抑郁风险群体,10.08%的青少年属于轻度抑郁风险群体。这样一些触目惊心的数据,不能不引起我们的警醒和深思。

事实上,孩子正处于一个做梦的年龄,他们将来会成为一个什么样的人还是个未知数。作为父母,我们不应该过早地为孩子定性,而是应该给予孩子更多的成长自由,为孩子创造更多体验和尝试的机会,发现孩子的个性与潜能,帮助他们找到并发展自己的兴趣爱好,这样才更有益于孩子的健康成长。

我举个例子,珍妮·古道尔是世界上拥有极高声誉的动物学家。在她小时候,妈妈就培养她对大自然的热爱与对动物的兴趣。在珍妮刚满周岁时,伦敦动物园第一次产下了一只小猩猩,为了表示庆祝,妈妈给珍妮买了一个大的黑猩猩毛绒玩具,这个玩具成了珍妮最亲爱的朋友。

有一次,珍妮把花园里的蚯蚓放到床上和自己一起睡觉,妈妈发现后,不但没有斥责她,还小心地将蚯蚓放回了它的家。

妈妈送的黑猩猩玩具让珍妮开始亲近动物,拥有了"动物"朋友;妈妈的包容,让珍妮慢慢地敞开怀抱,放心地亲近动物;妈妈还送给珍妮很多有关动物的书,使珍妮更加了解、热爱动物,从而进一步树立了与动物一起生活的人生理想,而妈妈的引导、尊重与陪伴,更让珍妮拥有了发展兴趣的可能。长大后,珍妮经常到非洲探索,与黑猩猩成了好朋友,并且因为研究黑猩猩的巨大成就而被剑桥大学授予博士学位。

每个孩子都是一个独立的个体,都有着独特的想法与潜力,父母要善于发现孩子的特点,并因材施教,不能人云亦云,更不能把"学霸"当成成才的唯一基础和标准。要记住:教育的根本目标是让人获得幸福,而适合孩子的教育方式才是好的教育。

国际象棋冠军谢军在回北师大看望顾明远教授时,顾老赠给她一句话:"流水不争先。"这句话出自《道德经》,原话是"水善利万物而不争",意思是要像流水一样,给万物带来益处却不去争先后。这并非不上进,而是强调以博大的胸怀尊重自然规律,更有定力和智慧地发展。

作为父母,我们也应该记住这句话,在教育和培养孩子的过程中,不断调整自己的心态,尊重孩子的成长规律,帮助孩子去发展他们的潜能优势。其实,每个人都是靠优点活着、靠长处成功的,而不是靠失败和短处成功的。所谓天才,就是选择了适合自己的道路;所谓蠢材,则是选择了不适合自己的道路。只有遵照孩子的天性和潜能去培养他们，按照潜在的规律使其成长，孩子才有可能获得幸福，也才有可能获得成功。

中国有句话叫"三百六十行，行行出状元"，但我认为，这句话只说对了一半。为什么呢？世间确实有三百六十行，却不一定非要人人都当状元。"三百六十行，行行出状元"，不就三百六十个状元嘛，那中国十多亿人口怎么办？有的孩子即使有自己擅长的一面，也不一定能成为全国第一，更难以成为世界第一，他也不需要这个第一，他只要做得比较好，为社会所需要，能够发挥自己的潜能优势就够了。

所以，父母对孩子的合理要求应该是：只要你尽到自己的努力就行了。不要给孩子确定过高的名次、分数、成才要求，这才叫"发现儿童、解放儿童、发展儿童"。其实所谓的发现儿童，就是发现儿童成长的规律；解放儿童，就是打破束缚孩子的一些枷锁，这样的教育才能使孩子幸福；而发展儿童，就是帮助孩子获得把潜能变为现实优势的本领。从这个观点就可以看出，家庭教育的正道从来不是培养学霸，而是发现孩子的个性与潜能，让孩子获得健全的人格和人生的幸福。

我的这个教育理念，与《孩子的潜能》一书中的观点不谋而合。在这本书中，全国多所学校的名校长以他们多年的教育教学经验，向父母们阐述了这样一种理念：面对孩子的成长与教育问题，不要过分焦虑，尊重孩子的成长规律，帮助孩子找到他们的兴趣和天赋，发展他们的潜能和优势，就能让孩子一步一步地成长为更好的自己。名校长大都是经历过千锤百炼的教育专家，他们在多年实践探索中悟出的观点与建议，是给父母们最好的忠告。

家庭是孩子的第一所学校，父母就是孩子的第一任老师。在日常生活中，父母不仅要为孩子提供衣食住行的保障，更要在孩子的精神世界中给予引领和指导。因此，帮助孩子发现他们的潜能优势，创造条件让他们尽情地发展自己的个人潜力，孩子才能走出一条真正适合自己的幸福之路。

2023年3月5日于北京云根斋

第一章

每个孩子都有自己的潜力

刘长铭

> 我们养育孩子的目标,是让孩子健康、幸福,让孩子在普通人的生活中感受到爱与被爱,体验到创造、创新带来的幸福感。

任何时候，
都要弄清养育孩子的目标

北京四中前校长
北京金融街润泽学校总校长

刘长铭

中国的家长从没有像现在这样重视对孩子的教育。很多家长可能在孩子刚出生时，就对孩子有了各种各样的期盼，同时也开始了对孩子的培养，希望孩子将来可以出人头地。但恕我直言，家长的很多目标实现的可能性其实很小。绝大多数孩子长大后都可能是一个普通人，或者说，对绝大多数家庭来说，孩子成为普通人的可能性更大。

很多家长可能无法接受或很难接受这个观点，为了证明这个观点是错误的，这些家长倾尽全力培养孩子，结果导致今天的教育中出现了很多不应有的现象：教育抢跑，绞尽脑汁想方设法去择校，让孩子学习各种各样的才艺，参与各种各样的考试竞争……我并不是反对一切择校，关键是要搞清楚为什么择校。其实，不论孩子进入什么样的学校，家长都不能忽视家庭教育的重要作用。家庭和家长的教育作用是学校教育无法替代的。过去北京四中每年招收的新生中，有一大部分来自普通学校，甚至来自所谓的薄弱学校。他们同样有着强烈的学习兴趣和良好的学习习惯，这些兴趣和习惯的形成离不开良好的家庭教育和家长的影响。

人生是一场马拉松长跑，起跑时站第几排并不重要。我平时在跟家长们交流时发现，很多家长在教育问题上过于急躁和焦虑，因为他们把现在的社会看得过于竞争化了。竞争一定是同质化的比较。其实，每个人都可以开辟属于自己的新领域，避免同质化竞争的途径就是不断创新，开辟适合孩子的新赛道。但我们都习惯于把同一性质的东西进行比较，比如，一些学校为了高出一个百分点的升学率，就过度强化统一教学和考试训练而忽视孩子的个性化发展。在这种同质化的竞争中，我们的生活渐渐窄化，教师失去了很多职业幸福感，学生的学习过程也少了许多快乐。

所以，我希望家长能够转变对孩子的评价和教育方式，与其焦虑，不如先弄清楚一个问题：养育孩子的终极目标是什么？从我的角度来说，我认为养育孩子有以下三个终极目标。

让孩子成为一个健康、幸福的人

我始终不认为高标准、高要求、高压力能培养出所谓的成功的人，况且成功本来就没有统一标准。无论对哪类人群进行统计分类，最后得出的结果都一定是呈正态分布的。一个优秀的厨师可能不是一个优秀的数学家，反之亦然。而我们所谓的"最成功的人"也一定是极少数的，绝大多数人最终都会走向平凡。然而，平凡并不等于平庸。

那么，平凡的人就不幸福吗？

不少家长喜欢跟孩子说，现在让你好好上学，是为了你一生的幸福。其实在学校学习的这段时光也是孩子一生中的一部分，如果这段时光不幸福，你怎么能确定他以后就一定会幸福？或者说，即使他在这个阶段学习没那么优秀，你又怎么能确定他以后的人生不会幸福？孩子的幸福感，应该来自他对幸福的创造能力和感知能力。如果孩子没有发展出这方面的能力，那么他将来能不能获得幸福才是更加不确定的事。

我在网上看到北大一位心理学教授做过这样一个分析，他说北大有超过30%的学生被"空心病"困扰，这些孩子厌恶学习或认为学习没有意义，有的孩子甚至认为人生都没有意义，最极端的甚至放弃自己。

这就是过度教育的一种后遗症，孩子虽然接受了很好的学科教育，却还是不能过好自己的生活。

所以，我从来不认同所谓"吃得苦中苦，方为人上人"这样的观点。我们养育孩子的目标，是让孩子健康、幸福，让孩子在普通人的生活中感受到爱与被爱，体验到创造、创新带来的幸福感。一个孩子如果没有健康的身心，即使你把他逼成了人上人，也不是一种成功的教育。

帮助孩子建立自我认知

现在的教育几乎已完全退化成为一种训练，并且是一种低层次、低效能的训练。很多人认为，一个学校的教育质量好不好要看升学率，其实学校升学率并不完全是教育的结果，很大程度上是训练的结果。但训练与教育是不能等同的。教育不应该只是为了让孩子拿高分，而是要帮助孩子能够更好地适应社会，为孩子未来的生活和工作做好必要的准备。所以，我认为学校最需要做的事情是帮助孩子从未来社会的发展、孩子的家庭资源、社会资源以及孩子自身资源和特点等方面，分析和规划一个最佳的发展方向与途径。

与此同时，家长与其想方设法为孩子择校，不如放平心态，帮助孩子从小建立自我认知,让孩子学会认识自我、了解自我,知道自己真正喜欢什么、擅长什么,以及如何更好地发现自己的兴趣并发挥自己的特长,同时引导孩子将不喜欢变为不讨厌,将喜欢变为非常喜欢。能够认知自我、拥有兴趣的孩子,才会选择好人生方向,体会到自己掌舵人生的快乐。

北京四中之前有一位女生,毕业后没有马上考大学,我就问她:"那你有什么打算?"她说:"我现在想创业,开了个餐馆,我想先积累一些创业的经验,然后再去上学。如果哪天您看我那个餐馆不营业了,就说明我又去上学了。"

一年多以后的一天,我突然想起这件事,就跑到她告诉我的那个餐馆看了一下,发现已经关了,我知道,她又去读书了。这个女生就非常清晰地知道自己要干什么、在干什么。

2010年,北京四中组织了一个实验班,这个实验班不是专收高分的学生,分数高低者都可以加入,但有个条件,就是你一定要有一件自己非常感兴趣,甚至达到痴迷程度的事。当时实验班收了很多有特点的学生,比如有的学生喜欢研究鸟,有的喜欢计算机,有的喜欢游戏……有个孩子喜欢研究公交车、汽车,一天到晚研究,当然考试成绩就受到了一些影响,但他在实验班里表现非常出色。在高中期间,他获得了两项国际发明专利,还获得了创造发明国际金奖,后来被国外的一所大学录取了。

还有个孩子喜欢研究飞机，成绩也不怎么突出，但是高考后，澳门大学校长点名招他。四年后，他成了澳门大学那一届最优秀的毕业生。那一年，我从网上看到一个报道，说澳门大学有一名学生做了一架小型飞机成功上天，我不用看名字就知道一定是他。后来我联系他，他说在澳门、北京都有了自己的研究室和研究团队。

人的创造力是与生俱来的，如果你否认这一点，就无法理解人类文明发展的逻辑起点；任何一个人在自己的兴趣领域内都是天才，他能够快速获取知识，他的发展会突飞猛进，并产生许多创意。这是我们做这个实验探索的两个基本前提假设。遗憾的是，经过早期教育的"洗礼"，很多孩子的自我认知都已逐渐消失，最初的创造性也被磨得所剩无几。这是非常可惜的。能够帮助孩子建立自我认知，了解自己的特长和优势，并给予他们充分的自我发挥空间，而不是完全迷信各种高分，焦虑于各个学校的升学率，才有可能给予孩子最好的教育，也就是最适合的教育。

让孩子保持不断学习和进取的热情

"唯成绩论"让很多家长把注意力过多地放在孩子当前的

学习上——刚吃完饭,就催着孩子去做题;洗碗、擦桌子等家务活都不让孩子做,美其名曰为孩子节约时间……殊不知,这些做法会把孩子与生活割裂开来。

学习的最终目的是什么?是让孩子更好地生活。如果学习与生活完全割裂,孩子每天感受到的只有学习(甚至只有刷题),久而久之对生活的感受只有枯燥的学习,而不是生活的丰富和美好,那就完全背离了学习的初衷。

学习肯定是辛苦的,但一定不能是痛苦的。只有让孩子真正感受到学习的快乐,孩子才能卸下心理负担,全身心地投入其中。当然,学习的乐趣并不局限于课本,我们可以通过生活中的方方面面来调动孩子的学习积极性。

比如,我们可以和孩子一起选择一件需要每天记录的事情,像种植绿植、观察和记录一些现象等。可以提前和孩子设定一个记录周期,在这段时间内坚持记录。这件事听起来好像毫无难度,但坚持下来你会发现对孩子的成长影响非常大,最明显的就是锻炼了孩子的毅力和耐力。养成坚持不懈、持之以恒做事情的习惯非常重要,这是一种非常可贵的品质。而且,这种记录能够建立对数量的感知,其中会涉及数学知识、统计学知识、植物学知识、科学测量和记录分析等等。通过对数据的分析和长时间的观察,孩子就能把生活现象与所学的知识联系起来，经验和体验的积累可以使他产生丰富的想象和直觉思维，这是他日后做事情尤其是做研究的一项基本能力。

好的教育从来都不是让孩子一味地赶学习进度、在考试方面超过多少人、进入名校、考入重点大学，而应该是让孩子在成长过程中始终保持不断学习和进取的热情，并且一生都有自己感兴趣、努力追求的东西，能够体会到追求梦想的幸福感。这才是最重要的，也是我们养育孩子的终极目标。

冯恩洪

" 人的差异性多是在休闲的时候展现出来的，如果孩子没有自由支配的时间，就很难表现出差异性。
孩子本身的闪光点和强势智慧表现不出来，最终他的个性和优势也就慢慢被磨灭了。"

有个性的教育，
培养有个性的孩子

上海建平中学前校长

冯恩洪

我们知道，教育的功能是把自然人培养成为社会人，这是教育的出发点，也是最终归宿。从自然人转化到社会人，教育是最后的手段。因此，教育要研究和尊重社会发展的不同阶段对自然人的不同要求。

那么，自然人有哪些特点呢？

最显著的特点之一就是差异性，既包括遗传因素导致的差异，也包括后天环境造成的差异。具体到孩子的教育问题上，就是要为孩子提供适合个体的、差异化的教育。只有这样，我们的孩子才有可能发挥出自己的强势智慧，具备多方面的能力，未来更好地适应社会。

遗憾的是，我们现在的教育很多时候是在埋怨差异，压抑潜能。

我给大家讲个小故事。

作为百兽之王的老虎，在庆祝自己五十大寿时，回顾自己的前半生，喜忧参半：喜的是前半生生活还不错，吃香的，喝辣的，好歹也是个王，而且是百兽之王；忧的是社会越来越重视教育，但最受人尊敬、令人羡慕的角色——校长，他还没干过。于是，老虎创办了一所森林动物学校，自己担任校长。在招生的时候，动物家长们纷纷问老虎："把孩子交给你，和把孩子交给其他学校，有什么不同吗？"老虎说："我们要培养的是样样都会的动物！"家长们很开心，想着把孩子送到其他学校只能学会一两样本领，而送到老虎这里样样都能学会，简直太好了！

可是一个月后，问题出现了：动物们纷纷要求退学。

首先申请退学的是鸭子。鸭子说："我的腿又短又细，这决定了我只能在水里游，我到岸上根本跑不快！可老虎校长非让我在岸上也要跑得快，还每天让我在岸上练习跑五公里。"

第二个申请退学的是兔子。兔子说："我一见到水就腿抽筋，可老虎却逼着我游到河对岸，我的命都差点没有了！"

第三个申请退学的是鹰。鹰说："我实在受不了了，学会爬树对我有什么用呢？我张开翅膀就能飞，老虎却要我练习沿着树干往上爬！"

森林里没有一只动物能样样本领都学会,结果森林动物学校开了不到三个月,所有的动物都退学了。

我讲这个小故事的目的是想告诉大家:孩子就像森林动物学校里的小动物一样,相互之间也是存在差异的。你让有差异的孩子都达到同一个高度,就是揠苗助长,孩子也会觉得这是一种痛苦的煎熬。

所以,不论是老师还是家长,培养孩子的共同目标都应该是根据孩子不同的个性,让他们享受到适合自己的教育,而不是"整齐划一"。人都有潜能,考试次次拿高分的孩子有潜能,考试经常倒数第一的孩子同样也有自己的潜能。只有帮助孩子发挥潜能,规避不足,孩子才能表现出独特的个人思维、行为和习惯,未来才能在社会上找到适合自己的位置。人皆有才,但人无全才,只有扬长避短,孩子才能真正成才。

然而,现在的大部分教育者,包括一些家长,自己本身就是没有个性的。教育者没有个性,教育出来的孩子就不会有个性。而且人的差异性多是在休闲的时候展现出来的,如果孩子没有自由支配的时间,就很难表现出差异性。孩子本身的闪光点和强势智慧表现不出来,最终他的个性和优势也就慢慢被磨灭了。

所以,关于如何培养孩子,我有三点建议。

把孩子的人格、情感和需求放在与学习同等重要的位置

一定要把孩子当成一个完整的、独立的人来对待,善于发现孩子的个性、特长、兴趣,把孩子的人格、情感和需求放在与知识同等重要的位置上。

同时,家长还要鼓励孩子在观察、思考和解决问题的过程中锻炼思维的活跃性和独立性,并积极寻找孩子的最近发展区,让孩子在现有的水平下再跳一跳就能够到目标。这样,孩子才会产生进步的欲望,也才有可能发挥出自身潜能。要知道,教育的艺术就在于拨开眼前的迷雾,让阳光照进孩子的心房,点燃他们的希望之光。

有一个初一年级的男孩,平时不管上什么课,没有一节课能安静地坐住,很多人怀疑他有多动症,让家长带着他去就医。但是,这个孩子所在学校的校长却不这么认为,他发现,这个孩子虽然上课坐不住,可放学后却能站在美术兴趣小组的门口看老师教学生画画,一站就是一个多小时,几乎一动不动。于是,校长找到这个孩子,问他:"你是不是喜欢画画呀?如果你喜欢,我推荐你参加美术兴趣小组怎么样?"

这个孩子欢欣雀跃地加入了美术小组。三个月后,在老师的指导下,他画了一幅球的立体构造平面图,这个平面图很快

被上海的一家工厂看中，于是以他的稿件为蓝图编织出了装饰用的羊毛壁毯。这幅立体构造平面图还被送到当年的广交会上参展，有68个国家的客商下了订单。后来，这个13岁的男孩凭借自己画的一颗球获得的稿费，给家长买了一辆桑塔纳轿车，一时成为美谈，传遍了上海的大街小巷。

这个孩子是幸运的，遇到了一位懂他的校长，帮助他把自己的特长和努力结合在一起发展，相信他未来的职业生涯一定会是一种享受。

创造条件帮助孩子发展强势智慧

面对有个性的孩子，我们要创造环境和条件，帮助孩子发展强势智慧。

我曾经接收过一个女孩，这个女孩在10岁上体育课时摔了一跤，结果摔出了一个不治之症，右腿受伤的膝关节软组织钙化，并且这个钙化可能会蔓延到全身每一个软组织所在的部位，最后造成终身瘫痪，没有手术可以治疗，也没有药物可以缓解。

更加不幸的是，这个女孩生活在一个单亲家庭，与父亲相依为命。父亲不忍心女儿瘫痪，于是辞掉公职，卖掉房子，买了辆自行车带着孩子四处求医，行程达几万公里。6年后，他们来到广州的一家医院，奇迹竟然发生了，女孩的病征完全消失了。可是，此时女孩已经16岁了，她的同龄人都已进入高中，而她的学识还停留在小学四年级的水平，知识结构严重不完整。

我得知这件事后深受触动，同时也看到了这个孩子的优势。她的知识结构虽然是她的短板，可她有6年数万公里的行程磨炼出来的钢铁般的意志，以及在社会这所大学堂里积累的见识，这是她的同龄人所不具备的。

于是，我决定帮她重返校园，将她安排到我们集团学校下面的建平实验中学初一年级。经过两年多的努力，在初中毕业进入高中时，她已经消除了与其他孩子之间的全部学习差距。

从这个孩子身上我们就能看出，教育一定要关注到孩子的个性差异和强势智慧，不要因为看到别人家孩子怎样，就要让自己的孩子怎样。但孩子的个性和智慧不是家长和学校培养出来的，家长和学校要做的，是承认孩子有个性差异，并在此前提下，赏识和保护孩子的个性和智慧，允许他们张扬个性和智慧。在必要的时候，甚至要创造条件，让孩子在学习和生活中尽情地展示自己。

建平中学设立了很多兴趣小组，如体育、音乐、美术、书法、中英文演讲等，也经常组织孩子们参加各类活动和比赛，让孩子们在丰富多彩的活动或比赛中发展个性，如白鹤亮翅一般展示自己的特长，同时也享受成功的喜悦。这些活动和比赛不仅丰富了孩子们的学习生活，更重要的是，可以促使孩子们努力去探索自己的兴趣，发展自己的强势智慧，让孩子们在学习和成长过程中不断告别痛苦的忍受，走出被迫接受，走向尽情享受。

尊重让孩子有动力发展自我

要有意识地给予孩子情感上的尊重。

现在很多家长在教育孩子时，一旦发现孩子犯了错，或者有让自己不满意的地方，就会立刻批评、指责孩子，根本不会在意孩子也有自己的情感和自尊。

我在美国访问期间，曾经在一所小学听了一节算术课，课上讲的是个位数的加法。老师提问了一个14岁的男孩"3+5等于几"，可这个男孩却无法立刻给出答案，而是结结巴巴算了半天，最终才说"大概等于7"。这个结果让听课的中国校长们都难以置信。

让我更吃惊的是，讲台上的数学老师并没有马上指出孩子的错误，而是为这个孩子鼓掌，还快步走到他身边，按了按他的肩膀，示意他坐下，并且说了一句让我现在都无法忘记的话："你真了不起，离成功就差一步了。"最终，在老师的鼓励和引导下，男孩又举起手，说出了正确答案："它应该等于8。"

这件事让我深受启发。孩子是有自尊的，即使他犯了错，也同样有追求尊重的情感需求。得到情感尊重的孩子，才会更有勇气和动力朝着更好的方向发展自我、追求自我。这一点，不就是我们教育孩子的根本目的之一吗？

同样是在美国的这所学校，我还听了一节美术课。这节美术课教的是画马，老师先给学生讲清了两个要点：第一，注意观察点的选择；第二，注意马的结构比例。讲完后，就让学生自己去画了。

在校园一角的院子里拴着三匹马，孩子们就站在二楼阳台上边观察边画，最后交上作业时，16个孩子所画的马没有任何两张是一样的。最让我吃惊的是，其中一个孩子不知道怎么观察的，竟然画了一匹六条腿的马。

但是，当美术老师看到这个孩子的画后，不但没有批评他，还总结道："这位同学很有创意，他画出了现在世界上根本不存在的六条腿的马。不过，今天不存在，不等于将来不存在啊！同学们，如果你们谁能通过改变遗传基因，真的繁衍出六条腿的马,你们可别高兴得太早了。马的功能是日行千里。日行千里,四蹄着地。而六条腿的马能四蹄着地,两蹄休息,时刻准备替换疲惫的另外两条腿。假如你们能证明六条腿的马比四条腿的马日行千里性能更卓越,可不要忘了申报诺贝尔奖,更别忘了到我们的学校来走一圈,让老师和同学们一起分享你胜利的喜悦!老师拜托同学们了。"

面对学生观察的错误,这位老师给我们做出了尊重情感最好的诠释。这是我们作为教育者非常应该学习的一点。

教育从来都不是让孩子"全面发展",更不能按照标准化批量制造。教育的真谛在于让孩子享受到适合自己的教育,实现孩子的个性化和社会化的和谐发展,这也是释放孩子潜能的最佳途径。我很喜欢"天生我材必有用"这句诗,它告诉我们:每个人都有自己的强势智慧,也都可以充分燃烧。如果我们每个教育者都能关注到孩子的个体差异,尊重情感,创造环境让孩子释放潜能,那么每一个孩子的成长和学习过程都会是享受的、幸福的,孩子也可以通过尽情发挥自己的优势,找到未来最适合自己的那一条人生路。

康健

> "成才的孩子没有'齐步走',
> 只要给他时间,
> 就能让孩子有最大的发展空间,
> 因为真正的好孩子都是在自由当中成长的。"

成才的孩子没有"齐步走"

北大附中前校长
云南兴隆美丽小学首任校长

康健

现在有个非常时髦的词,叫"内卷",学术性解释叫作功能性或系统性退化。如果用简单逻辑来解释,它就像种地,在增加劳动力投入或增加密植后,收获就会增加;继续增加劳动力或增加密植,收获可能会继续增加;但是,当劳动力投入或密植到了极端程度时,很可能会造成身体或土地系统的崩溃,最后颗粒无收。这就是内卷。

内卷出现在教育领域,同样会引发各种各样的问题,甚至造成整个教育系统的功能性退化。简单来说,它会让我们的教育变得越来越笨、越来越累。比如,很多家长认为,只要多给孩子增加学习任务,让孩子多学点知识,孩子就有可能考高分、进好大学,未来才会发展得更好。

这些现象出现的根本原因,一方面源于教育体系的问题,还有一个重要方面则源于家长的焦虑心理。要想缓解这种教育内卷、教育焦虑，一方面当然需要学校教育体系的改革，另一方面也需要家长能用正确的态度去面对孩子的教育和成长问题。截至2021年，我国的高等教育毛入学率已经达到57.8%，这说明我们的基础教育普及率是非常高的。在这种情况下，教育体系接下来要做的就是两件事：一件事是提高教育质量，让孩子受到更好的教育；另一件事就是让整个教育体系松弛下来。

那么，我们怎样才能看出教育体系有没有松弛呢？

我认为有两个标准：第一，社会机会变多，不想上大学的人数增加，孩子开始按照自己的喜好或特长来选择自己的职业和人生；第二，文凭的价值开始下降，大家开始注重技能的培养，而不再以文凭论英雄。

不过，中国的教育目前还没有出现这样的状况，所以家长和孩子的焦虑仍然存在。如果整个教育体系能发生变化，就可以在一定程度上缓解内卷现象。

但是，这并不意味着家长就要继续制造焦虑，继续给孩子加压。当孩子被迫做一件事时，他的能动性是会被严重压抑的。家长应该学会先让自己松弛下来，再赋予孩子更多成才的可能。

给孩子更多迁移性和选择性空间

每个孩子都有自己的优势。比如，有的孩子虽然学习不好，但有组织能力、管理能力，面对这样的孩子，与其逼着他去考高分、上名牌大学，不如鼓励他学一些组织管理知识，以后从事这一行。还有的孩子有艺术天赋，爱画画、弹琴，家长可以鼓励和支持他发展特长，一两年后让孩子对自己进行一次评估，决定这条路能不能继续走，如果不能继续，再给他一次做二次选择的机会。一般来说，当孩子再一次选择其他方向，学习两年后基本就定性了，此时他就相当于拿到了一个大专文凭，接着再学习三年，就等于拿到了一个本科文凭，甚至可以达到硕士水平。

这种选择性教育体系，我把它叫作"无障碍的体系"，就是尽量把所有人为地给孩子设置的"坎儿"都拿掉。我们现在所谓的教育分段其实就是分"坎儿"，拿掉这些"坎儿"目的是尽可能地解放孩子，给孩子更多迁移性和选择性空间，而不是说孩子考不上大学就没活路了。

其实，孩子喜欢做某件事时，只要给他们充裕的时间，他们往往都能做得非常专业。有一次，北大附中想做一个专题片，一些学生干部找到我，递给我一本杂志，说要征求一下我的意见。我一看，杂志的名字叫《偷听北大附中》，那个学生干部代表问我："校长，您能接受吗?"他以为我看到"偷听"两个字可能会接受不了，会否决，但在看到第一眼后，我想到的却是他们作为中学生那种思维的发散性和开拓性。他又跟我解释说："校长，其实我们是希望能真正地了解附中，所以用了'偷听'两个字。"我自然清楚他们的心思，就点头答应了。

接下来，他又指着第一栏给我看："您看看第一栏写的是什么?"我一看，上面写的是"我问小康答"，杂志上的每一栏都有他们提出的问题，要我来回答。他还看着我的脸，小心地问我："校长，您不介意我们叫您'小康'吧?"我当时就被这些孩子逗笑了。这时他们才告诉我，他们的真正意图并不是卖杂志，而是想做学校的那个专题片，通过向我提问、采访我的方式获得自己想要的内容。我当时有点担心，这么专业、复杂的东西，他们能行吗?万一弄不好怎么办?但我并没有否决他们，而是问他们："你们觉得自己行吗?"他们就开始跟我讨论，并且打包票说自己没问题。最终，我把这个专题片交给了他们来做，之后既没有参与，也没有过问，任由他们折腾。最后，他们真的拿出来一个广播级的专题片，做得非常棒。

很多时候，我们只是从教育者的角度来决定孩子的时间、空间和资源分配，却很少从孩子的自主性和成长需求方面去考虑。其实，孩子的能力比我们想象的更强大，反倒是我们的教育方式跟不上孩子的智力、经历和兴趣成长，才导致那么多孩子白白浪费了自己的才华和爱好。

在当前的教育体系下，我们也许还不能完全任由孩子天性成长，要尊重孩子的兴趣和特长，也要尽可能地解放孩子，多给他们一些时间去做自己真正喜欢的事，而不是每天把他们禁锢在分数、名次上面。

为孩子择校时看"三张表+一个关系"

为孩子择校也是让家长非常关注和焦虑的一个问题，大家认为孩子进入一个教学质量高、升学率高的学校，就意味着孩子未来考上优质大学的概率更高。

我不太认同这种观点。说到择校问题，我认为在所有教育资源中，时间资源应该排在第一位，也就是学校如何安排孩子的时间和空间，每天上课时间有多少。现在流行一种课表，就是上午5节课、下午4节课、晚上4节课，我把这种课表称为"极限型课表"，它把孩子所有能"睁眼"的时间都放在了教室里，这是很可怕的。因为孩子除了上课学习还有很多别的需求，如休息的需求、玩耍的需求、自由的需求。

我曾去过英国伊顿公学,这是一所英国的精英学校,在那里我与学校校长进行了沟通。他告诉我,伊顿公学大部分时间只上半天课。我当时很吃惊,说您这里相当于北京的重点中学了,每天只上半天课,那剩下的半天孩子们干什么?他说了两个词:运动和自由。他说,如果一个人连自由的时间都不知道如何支配,不知道它的价值,那他将来还能干什么?成才的孩子没有"齐步走",只要给孩子时间,就能让他有最大的发展空间,因为真正的好孩子都是在自由中成长的。不是说你让他做什么他就做什么,最后他成了天才,这不现实,教育不是万能的。所以,他特别郑重地说:自由有多大,天才就有多大。拥有充分的时间和自主的空间,孩子才能获得发展。真正的天才和领袖人才,是不可能被批量地训练出来的。

这件事让我很有感触。反观我们的很多学校,恨不得将孩子全天都禁锢在课堂上,殊不知这反而扼杀了孩子的学习力和创造力,对孩子的成长和发展反倒是不利的。

再回到为孩子择校的问题上,我建议家长看看学校的"三张表":第一张表叫校历表,就是这所学校平时都是怎样安排孩子的时间的;第二张表叫作息表,是看每天需要孩子几点起床、几点睡觉,中间的时间如何分配;第三张表叫课程表,是看学校如何安排一天的课程,是不是体育课、音乐课经常被占用。这三张表上的时间分配，决定了这所学校运用的是一个什么样的教育模式，也反映出学校的办学理念与方向。

还要看"一个关系"，就是师生关系。学校体现了一种社会关系，教育就是通过关系来进行交流和学习，这是学校教育的特点。教育最本质的属性也是它的社会性，孩子在学校中与老师、同学的关系好不好，会直接影响孩子的自理能力、独立能力和交往能力等。所以，我觉得在低年级阶段，我们应该送给孩子三件礼物：自立、学习和交往。你让孩子从小把这三条立住了，孩子未来就能走得更远，也会走得更好。

不要只盯着成绩，多关心孩子的心理健康

现在很多孩子或多或少有一些心理问题，我也经常在网上看到一些有关孩子离家出走、自杀的新闻，感到很痛心。孩子的物质生活水平已经大大提高了，父母也都倾尽全力满足他们的需求，为什么他们还会有那么多的不满、不快乐呢？

我认为这与当下的教育环境、家长的焦虑心理是分不开的。有些时候，我们为了追求所谓的高分生、尖子生，付出的代价太大了，牺牲了孩子的身心健康，牺牲了青少年美好的生活，甚至牺牲了孩子的生命，这简直就是"分大命小"，这样

的路真的不能再走了!

我们发现,很多孩子上完初中后就辍学了,并不是他们不想读高中,而是这时他们进入了青春期,自身遇到很多问题解决不了,家长也解决不了,导致他们根本没办法学下去。中学时期就像是一片沼泽地,孩子会走得非常艰难,如果我们不能认真对待,不能适时、恰当地帮助孩子,对孩子来说压力真的非常大。

我在和一些中学生家长沟通时,经常会建议他们在这个阶段不要只盯着孩子的成绩,也不要看到孩子成绩有下降就过分焦虑,而是要多去关心一下孩子的心理健康。多与孩子沟通,站在更整体的高度、更系统的维度,对孩子的成长和学习问题进行梳理和判断,并找到合理的解决方法,帮助孩子过渡好这个阶段。诚然,现在整个教育系统的问题决定了我们可能很难从教育内卷中完全解脱出来,但也正因为如此,我们才更要放平心态,真正站在孩子成长的角度,帮助孩子减轻精神负担和生理负担,让孩子能够得到更充分的解放,不至于被局限、被捆绑、被粗暴地压抑个性。让孩子的个性得到解放,我觉得这才是家庭教育的一个大目标。

王本中

> 如果一直强调全面发展、门门优秀，'偏科'的孩子可能根本没机会实现自己的梦想，也无法发挥自己真正的价值。但如果我们懂得尊重他们的个性差异，对他们实施'扬长'教育，那他们就有很大的可能成为真正的创新型人才。

补短教育压抑人，
扬长教育塑造人

北师大实验中学前校长

王本中

众所周知，每个孩子都有自己的特点，有自己优势的一面，也有自己弱势的一面，这是不以家长和孩子的意志为转移的。

然而，现在教育中却存在这样一种现象，即不少家长、老师都非常注重孩子的弱势发展，希望帮助孩子弥补短板，门门功课都优秀，成为全面发展的优秀孩子。

这种心情不难理解，如果你的孩子进入班级时是前十名，其他孩子都在努力弥补自己的弱项，你的孩子不弥补，那前十名可能就保不住了。如果你的孩子成绩本来就靠后，又有偏科，你不帮他弥补弱项，他的成绩可能永远都上不来。所以，家长的想法和做法似乎也没什么错。

但是，这种现象却在有意无意中选择性地忽视了孩子的优势发展，结果可能是：优势被掩盖，弱势也没上来多少。

真正的教育者应该尊重和善于发现孩子身上独特的闪光点，找到并帮助他们发展那些属于他们自己的优势和特长。正如我在一本书中看到的一句话："我们作为杰出的人类，有高度发达的大脑，所以无论我们年纪多少，只要能够发挥自己的优势，都能够成为更好的自己。我们会，我们的孩子也会。"

我们学校原来有一个男生，数学成绩特别差，老师还经常告他的状，原因是他晚上不睡觉。学生宿舍晚上10点熄灯后，他就打手电学习，宿管老师批评他，他就把手电筒塞到被子里学习。学什么呢？学习编写软件。后来他用一年多的时间编写出来的软件被苹果公司看中了，不仅要购买这个软件，还要聘请他到苹果公司做程序员，但被他拒绝了。我曾经带着他参加了一个全国性的信息大会，他在大会上发言，下面的人反响都特别好。这个孩子最后考入了加拿大的一所大学主攻计算机，学成后创立了一家公司，发展得很不错。

这就是优势和特长发展的结果。它同时也提醒我们，在教育孩子这个问题上，我们不应该再局限于过去的思维，要求孩子全面发展，而应该有更清晰的认知，承认并鼓励孩子的个性发展。

别用"补短的教育"压抑孩子的个性发展

俗话说,"金无足赤,人无完人"。每个人都有自己的优点和缺点,谁都不是完美的。每个孩子都是独特的个体,他们一样具有差异性。过去,我们只说全面教育,这其实是走向了片面性。后来,我们又将全面教育异化为门门优秀,恨不得孩子每次考试都能拿满分,认为这样的孩子才算优秀。

从人的成长和发展角度来说,特别是从儿童、青少年的成长角度来说,这些观念都是很片面的。有个理论叫"短板理论",这个理论认为孩子的弱项往往会制约其一生的发展,我却认为,孩子只要发展好自己的强项,一定可以一鸣惊人。如果你非要去找孩子不擅长的一面,还费尽心思地给孩子补短,把孩子与其他人的"差异"当成"差距",其实是对孩子的不公平,不但会让孩子感到很痛苦,还会压抑他们的长处优势和个性发展。真正全面个性的教育应该是"扬长的教育",而不是"补短的教育"。我们应该遵循孩子的个性特点因材施教,这样才能让孩子更好地成长。

我曾看过美国心理学家马丁·塞利格曼讲述的一个他与女儿之间的小故事。有一次,塞利格曼带着女儿在院子里除草,5岁的女儿一边除草一边玩耍,塞利格曼对女儿的行为感到很不满，就批评了女儿一顿，还列出女儿的许多缺点。但他的女儿却说："爸爸，就算我把所有的缺点都改正了，我也只是一个没有缺点的孩子而已，我仍旧是没有优点的。为什么你不能多看看我的优点呢？"女儿的这番话让塞利格曼反思了很久。

很多家长、老师也像塞利格曼一样，只关心孩子身上那些让自己不满的信息，却忽略了一些对孩子的成长和发展更有价值的信息，而只有获取这些信息才会让我们找到教育孩子的更好途径。

因此，不论是家长还是老师，我们的教育目标都不应该是竭尽全力发现孩子身上的不足，再想尽各种各样的办法去弥补，而应该把重点放在挖掘孩子自身的优势和潜能上，帮助孩子发现自己的优势所在，从而成长为更优秀的自己。

尊重个性差异，发现个性"所长"

很多家长都希望孩子在学习上门门优秀，这其实就是我们常说的唯分数论。一只水桶要装满水，只有一个长板是不行的，因为短板决定了这个水桶的装水量。

比如，全校一届毕业生有300人，老师让平均分都提高了，但有一个学生有一门功课只考了30分，那他就惨了，不用他去补课，老师就会催着他去补课。他也会受到歧视，大家都会告诉他："是你拉低了我们的分数。"他也抬不起头来。这会压抑一个孩子的个性发展，这种教育也是很残酷和残忍的。

《国家中长期教育改革和发展规划纲要（2010—2020年）》里，提出了全面个性的发展，承认了孩子的个性差异，要求教育者要擅长发现和发展学生的特长。同时高考也在进行配套改革，扬长避短，学生短缺的地方就不要再使劲补了，把这份力气用在帮他们选择更适合他们成长和发展的方向上。比如，一个孩子更适合搞基础研究，那就让他学理化；一个孩子更适合搞艺术，那就不要强迫他再去补理化了。

尊重个性的差异，这是人性的本质。人生而平等，这一方面是从阶层来说，另一方面就是从个性来说的。我们学校曾组织了一次考试，当时入学的197人中数学平均分是32分，语文平均分是48分，英语就更低了，大概只有十几分。还有一批人，连26个英文字母都写不全，这样的分数让老师怎么教呢？

但是我当时就提出来，不要光看这些孩子的分数高低，要尊重他们的个性差异。作为教育者，我们要看到孩子个性当中的"所长"。这个"所长"不一定是学习方面的，也可能是性格方面或其他方面的，比如懂礼貌、讲义气、敢说敢道、仗义执言、有某些技能等。教育者要善于发现孩子的这些个性特征，再依其所长进行挖掘、培养，让他们的长处得以发展。特殊的事情，用特殊的办法，这才叫因材施教。我们把孩子平时看不到的所长挖掘出来，这样他不仅能成长得很健康，学习成绩也能上去，当然也就没必要变成门门优秀。

我们学校原来有一个女生，文科成绩特别好，理科成绩却很差。她想要考中山大学，可由于理科成绩太差了，怕考不上，就找到我，我专门在高考前三个月给她补了课，最后总算让理科成绩及格了，她也如愿以偿地拿到了中山大学的录取通知书。进入大学后，她学习戏剧，编写了好多剧本，也拍了好几部电影，颇有成就。

如果我们一直强调全面发展、门门优秀，很显然，这些"偏科"的孩子可能根本没机会实现自己的梦想，也无法发挥自己真正的价值。但如果我们懂得尊重他们的个性差异，对他们实施"扬长"教育，那他们就有很大的可能成为真正的创新型人才。

没有了解就没有教育

我们过去常说"没有爱就没有教育"，但我更关注俄国教育家乌申斯基说的一句话:"如果教育者希望从一切方面去教育人,那么就必须从一切方面去了解人。"简而言之,没有了解就没有教育。作为教育者,我们对孩子的爱都需要建立在了解的基础上。

我在担任校长以后,会请学生来给我做助理。学校一共有六个年级,从初一到高三,我任命了六个校长助理,他们的任务就是关注自己本年级的学生活动、社团活动等。我记得当时还是六天工作制,每到星期六的中午,我就会请这六个校长助理一起吃午饭。我们就像朋友一样,在餐桌上敞开心扉,畅所欲言地聊自己对学校的看法、建议,以及有哪些想搞的活动等。

这样做的直接效果就是我对学生更加了解了,他们有些不敢跟家长和老师说的话,也愿意说给我听。同时,我也通过这种方式更多地了解到他们的长处和不足,并且能够给予他们恰当的引导和帮助。我把这种方式总结为12个字,就是"知之愈深,爱之愈切,导之有方"。你越了解孩子,就越懂得如何去爱他;越懂得如何爱他,就越懂得如何用恰当的方法去引导他、教育他。

对家长来说,这12个字同样有效。家长不应该单纯地只看孩子的成绩、分数,一切学习都向分数看齐。我认为,家长更要真诚地与孩子交朋友，多关注孩子学习之外的事情。比如，在孩子的小学阶段，多关注孩子的兴趣；在初中阶段，多关注孩子的志趣；到了高中阶段，一部分孩子有了自己的志向，明确了将来想要从事的事业，他们会有一种激情来促进他们做好自己要做的事，这时家长要给予积极的支持和鼓励。通过这些方式，家长就可以更多地了解自己的孩子，帮助孩子克服成长中的各种困难，发现和发展他们的优势和潜质，最终让他们找到自己生命中真正的意义和价值。

促进学生全面、充分、自由而有个性地发展，是教育本质的基本要求、教育理念的基本内涵，更是教育方式的基本体现、课程多元多样的根本选择。

补短的教育压抑人，扬长的教育才能塑造人。与其"补短"，不如"扬长"，使长短依其自然之理尽情发挥各自的作用，有道是："凫胫虽短，续之则忧；鹤胫虽长，断之则悲。"（《聊斋志异·陆判》）重视和发展孩子的个性、长处，才更有利于培养出成功的人才，也更能让孩子感受到自我的价值。

黄玉峰

> 用'玩'的心态，才能玩出兴趣，让孩子在玩中充分地展示自我，收获快乐。
> 我始终认为，
> 玩是一种素质，
> 更是一种成长。

孩子会玩也是一种成长

上海复旦五浦汇实验学校校长

黄玉峰

近几年，国家推行"双减"政策，一些教育培训机构被取消了，原以为家长从此能少些焦虑，没想到家长的焦虑反而更多了，因为没有了方向。不少家长还特意跑来问我："黄老师，人家有条件的孩子都能接受更好的家庭教育，我们这辅导班都取消了，怎么办呀？"

我告诉他们，取消的仅仅是一些辅导班而已，跟家庭教育无关。真正的家庭教育，应该是家庭和睦，有学习氛围，孩子有足够的安全感和自由的空间。如果家庭成员天天为孩子的学习问题吵架，或者强迫孩子学这学那，完全不给孩子一点自由和空间，这根本不是好的家庭教育。

教育的核心，归根结底是"人"的教育。但目前的状态是，我们的家长、老师本身并不完美，自己身上存在各种各样的问题,也一直以一种"给予""要求"的方式来教育孩子,却忽略了孩子本身也是一个独立的人。当然,这与现在的家长基本都是在应试教育环境下长大的有关,应试教育在某种程度上改变了他们的命运,于是他们也把这种教育模式传递给孩子,甚至把一些自己没有实现的目标、梦想寄托在孩子身上,而自己除了陪读就是焦虑、迷茫,有点风吹草动便不知道该怎么办了。

我认为,这些家长忘记了自己养育孩子的初衷。绝大部分家长在孩子刚刚出生时,对孩子的期望可能就是健康、快乐、幸福,但随着孩子逐渐长大,家长就开始在孩子身上强加各种各样的期望了,对孩子有出息和没出息设定的标准也很单一,结果是家长累,孩子更累,还越来越不快乐,甚至生病、厌学、抑郁。当所有的事情都被当成任务来完成时,家长和孩子就都忘记了,做人才是最重要的。

我经常劝说家长,面对孩子的学习、成长不要太焦虑,焦虑是没用的,反而会给孩子带来不好的影响。有些事可遇不可求,就像孔子说过的一句话:"富而可求也,虽执鞭之士,吾亦为之。如不可求,从吾所好。"(《论语·述而篇》)这句话说得太实在了。富贵谁不爱呢?如果拼命去追求就能得到,就像孔子说的,即使赶车赶马,我也会不顾一切地去争取。正因为富贵是不可求的,所以还是应该多充实自己的内心,按照自己的爱好去做事。

说到这里,有些家长可能会说,难道就让孩子每天疯玩吗?孩子不需要再努力学习了吗?

当然不是。即使现在国家推行了"双减"政策,孩子还是要努力学习的,但我们要让孩子在学习中找到乐趣,这样就算孩子面临的学习任务很紧张,也不会感到焦虑,反倒会越来越充实。同样,家长也不能因为"双减"的推行,就不再对孩子的未来有所规划。

从小让孩子多阅读经典

在"双减"推行以前,大部分孩子每天都奔波于各种培训班,很少能有大块的时间用于阅读。现在,孩子的课余时间充裕了,我希望家长能多让孩子读一些书,并且要让我们的教育回归传统,让中小学生多阅读一些经典图书。

我不知道从什么时候开始,人们把写作业称为"刷题"。过去,米芾把自己写字叫作"刷字",但"刷题"这个词却很讽刺地刻画了学生的学习现状:不去思考,花费很多时间,一遍一遍地重复做题。读书本应是孩子主动去进行的,是孩子的主业，学科中的语文学习更是依靠大量阅读支撑起来的真正的人文精神大厦，是非常有利于孩子精神成长的。可是，现在刷题却成了一种常态，孩子每天都在被动地学习，这简直是学习的悲哀。所以我们看到，孩子小时候提问很多，思维活跃，对各种书都感兴趣，可随着作业量的增多，孩子的提问减少了，学习热情也减少了，到了高中，不少孩子连学习的兴趣都丢了。处于这种状态的孩子，还怎么能从学习中找到乐趣、喜爱学习呢？

童蒙时期，心智未开，缺乏分析判断能力，但记忆力极强，所以在孩子比较小的时候，多让孩子通过阅读大量吸收前人的成果，在此基础上再去发展和创新。换句话说，就是让孩子在老师、家长的指导下，自己读书、读书、再读书！英国数学家怀特海曾经说过，孩子"在中小学阶段应埋头读书，到大学里，才能站起来瞭望"。一切的创新与发展，都是以传承为基础的，让孩子阅读经典，就是最好的传承。

用玩的心态玩出兴趣

"玩"字的本义就是研究。有一个词叫"古玩"，就有研究古董的意思。还有一个词叫"玩味"，就是细细地品味。用"玩"

的心态，才能玩出兴趣，让孩子在玩中充分地展示自我，收获快乐。我始终认为，玩是一种素质，更是一种成长。我做了半个多世纪的教师，见证了那么多学生的成长、成人、成才，也越来越感到，对一个人而言，"快乐"与"幸福感"比什么都重要。"幸福"更多时候是别人给予的，而"快乐"却是自己寻找到的。

在我们学校，我每年都会用两周时间专门让孩子重点研究一下怎么玩才能玩出花样，怎么玩才能玩得好、玩出境界、玩出水平，大家要尽情地展示出自己的创造性，可以提出五花八门好玩的想法和做法，尽情地宣泄自己内心的情感。这就是我们的"狂欢节"。

比如有一年，我们在校园里布置了"笑墙"，鼓励大家寻找并记录身边最美、最有感染力的笑容，记录形式不限，还设立了"大笑感人奖"；我们还邀请大家创作书画作品、说唱小品等，设立"逗你开怀奖"。在这些活动中，孩子们表现出来的奇思妙想和创造力真的让我惊叹不已。

孩子的心情愉快了，有了成人的志向，就会产生学习的兴趣和动力，这时你还怕他学不好吗？刻苦和快乐从来都是不矛盾的，如果孩子有收获，天天在进步，他们就算是遭受一些困难也会感到快乐；相反，如果天天刷题，刷了以后还没进步，他们自然就会感到厌烦乃至压抑。

给予孩子充分的亲情哺育

能够尽情享受亲情对一个人的精神成长是很重要的,所以在孩子成长的每一个阶段,都要给予孩子充分的亲情哺育。

现在很多孩子情绪烦躁,大多数都源于家庭。家长每天看着孩子,不给他一点私密空间,孩子自然就会烦躁。人与人之间是需要边界的,父母和孩子之间也需要边界,边界感没了,孩子的心就会无处安顿。有的家长说,我看孩子不认真学习就着急,一着急就想训斥他。其实,你着急、焦虑的情绪孩子是能感受到的,这种情绪也会影响孩子的情绪。如果你能心平气和地与孩子沟通,让孩子感受到父母稳定的情绪,这对孩子来说将是最踏实、最安全的感觉。

我经常跟家长说,平时多跟孩子聊聊他感兴趣的话题,或者和孩子一起做饭、烧菜,与孩子一起搞艺术创作,一起锻炼身体,尤其是一起看一本书,然后再一起讨论,这会让孩子感受到无比的幸福和安心。

有一位家长跟我讲了这样一件事。有一天,他跟孩子讨论:如果你要去旅游,有三个人供你选择,分别是李白、杜甫和苏东坡,你会选谁跟你一起?并让孩子从他们的诗中找出根据。孩子想了想,说自己愿意跟苏东坡一起去,因为李白太浪漫、太冒险，不靠谱；杜甫整天愁眉苦脸、哭哭啼啼，没趣味；苏东坡不但做事有板有眼，整天乐呵呵的，而且知识面广，跟他一起出去一定很有意思。接着，孩子又举出了每个诗人的诗句为证。

你看，这样的过程就把家庭氛围搞得既热闹又和睦，不但让孩子学到了知识，更让孩子感受到了亲情的温暖和父母陪伴的快乐。当然，这并不是说孩子的学习不重要，而是说孩子的心情好了，自觉性就会提高，学习成绩自然也会上去。并且充分享受到亲情的孩子，对父母也会更加信任，愿意和父母成为朋友，即使一时改不了缺点，今后遇到问题也愿意与你商量，慢慢也会改变、会成长。

总之，一个热爱阅读的孩子，一个会玩、爱玩的孩子，一个享受到亲情的孩子，不但会拥有广博的知识和开阔的思维，还会拥有健康的身心，这也是孩子今后学习、成长的基本保证，更是孩子一生幸福的基本保证。孩子的成长和幸福，不就是我们教育的最终目标吗？

李镇西

> 无论是小学教育还是中学教育,
> 培养人都是很复杂的过程,
> 因为每个孩子都是一个独一无二的精神宇宙,
> 需要家长、老师、学校
> 根据孩子的个性真正地因材施教。

哪有什么"第十名现象"

四川成都武侯实验中学前校长

李镇西

在教育孩子这件事上,经常有人喜欢总结归纳这样那样的"法则""规律",似乎教育只要遵循这些"法则""规律",任何难题就能迎刃而解,孩子未来就能无往不胜。

然而,任何一个孩子,我们都不可能用放之四海而皆准的方法、模式或技巧去"搞定"。教育孩子当然会有一些普遍的法则,但所有法则都具有一定的针对性、现场性、临时性,甚至是一次性。一种教育方法,对这个孩子可能效果极佳,对那个孩子也许就不适用了。

我读过一位北大新生的母亲写的育儿经验的文章,她说她的经验就是"不要给孩子施加任何压力",要"让孩子像野花一样自由自在地生长"。因此,从孩子小时候起,她就没有责骂过孩子一次,更别说体罚了;在学习上,她的做法也是"顺其自然"。最后的结果，至少从应试教育的角度来说，她的家庭教育的确成功了。

但是，我又想到了傅雷教子。在《傅雷家书》中我读到，傅雷对儿子傅聪的教育几乎到了严苛的程度：吃饭不许嚼出声，公共场合双手不能放进裤兜，穿制服时每一粒扣子都必须系好；儿子练钢琴时，傅雷就拿着一根小棍守在旁边，傅聪弹着弹着不弹了，傅雷就拿棍子杵地板，严厉地催促傅聪赶紧继续弹……就这样，傅聪最后成了举世闻名的钢琴演奏大师。

如果仅从结果上看，两位家长的教育方法好像都很成功，那么你说我们应该学谁呢？

在我看来，任何教育方法都不可以绝对化，也没有任何一种方法是"普适"的。教育本来就不是一个简单的问题，谁也不能说"我要把教育简单化"，可实际上，把教育简单化的事例在今天比比皆是。

比如，现在许多教育专家津津乐道并奉为圭臬的"罗森塔尔效应"，就是把教育简单化的一个典型。它是一种期望效应，是美国心理学家罗森塔尔于1968年提出的。据说当时罗森塔尔和他的助手来到一所小学，声称要进行一个"未来发展趋势测验"，并以赞赏的口吻将一份"最有发展前途者"名单交给校长和老师，叮嘱他们务必保密，以免影响实验的正确性。但实际上，这些名单上的孩子都是罗森塔尔随机挑选出来的。在实验期间，校长和老师要对名单上的学生不断进行赞赏、激励，8个月后，奇迹发生了，名单上的学生学习成绩都获得了较大进步，且性格活泼，自信心强，求知欲旺盛，社交能力提升。

教育真的可以如此简单吗？

当然不是。如果教育能如此简单，那么我们在中国任何一所小学重演一遍罗森塔尔的实验，是不是就能让奇迹随时出现呢？我们又何必费尽心力地进行各种改革、各种学习，对孩子因材施教呢？

所以在我看来，教育从来都不是如此简单的问题，不论是家长还是老师，都应从长远的角度去看待孩子的教育问题。

排名与孩子未来是否成功无关

我不否认信任、期待、赞赏等对孩子起到的暗示与激励作用，我在跟家长和老师们的沟通过程中，也经常让他们在教育孩子时运用这些方式，督促孩子进步。但是，这些方法只是促使孩子进步的条件之一，并不是教育的全部。教育是不可能仅靠信任、期待、赞赏就能成功的。

除了罗森塔尔效应，十多年前还有人提出一种所谓的"第十名现象",据说是某市一位从教近20年的小学老师发现的。他有意识地对1990年前后毕业的150名小学生进行了跟踪调查,结果发现一个耐人寻味的现象:那些在班级排名第十名前后,直至第二十名的学生,在以后的学习和工作中都"出乎意料地表现出色",并成长为栋梁型人才;相反,那些当年备受老师宠爱、成绩数一数二的优秀学生,长大后却发展平平,甚至在升学、就业等方面屡屡受挫。

对此,许多专家分析说,排在第十名前后的学生虽然成绩普通,但他们大都性格活泼,灵活性强,读书也比较轻松,且兴趣广泛。老师平时不太注意这部分学生,反而培养了他们独立学习、独立思考的能力和极强的创造能力。同时,由于他们没有争第一、第二的心理压力,读书心态更加健康,这也令他们拥有充足的后劲,进步和成才的概率也更高。

这也是把教育简单化的一种现象。我曾经先后在四川省乐山一中和成都石室中学任教,这两所学校都是文坛巨匠郭沫若的母校,而当年郭沫若在这两所学校都属于"差生";我再说个大家都熟悉的,爱因斯坦读小学时,据说连简单的手工劳动都做不好。可是,这些并不妨碍他们后来都成了大器。如果按照"第十名现象"来分析,那么这是不是也可以称为"最后一名现象"呢?

同样，如今具有国际影响力的著名作曲家胡小鸥，在上学时论成绩只能算中等，根本排不上第十名；而国内著名销售大师杨嵩，当年在班上成绩总是第一。这些如果拿"第十名现象"来解释，也根本说不通。

我从教 30 多年，从来没有感受到什么"第十名现象"。有人可能会说，"第十名现象"说的不是某个个案，而是一个群体，是指"一般而言"。既然如此，如果我们到卫星发射基地去看一下，那里的科学家当年在中学时代的成绩"一般而言"是名列前茅，还是位于第十名前后呢？

实际上，我们做教师的都很清楚，所谓的第几名都是根据学生每次考试的成绩排出来的名次而已，但很少有学生会固定在某一个名次左右，包括第一名和最后一名的学生。对那些居于第十名的学生来说，这个名次也不是他们追求的固定目标，他们的目标仍然很可能是第一名、第二名，所以并不存在他们"没有争第一、第二的心理压力"，或者是为了学得轻松而安居在第十名保持不变。这种观点根本说不通，我们完全不必当真。

正确理解孩子成才这件事

"第十名现象"的发现者所持的观点依据之一，是他在参加某次学生聚会时，出席的32名学生中，有3名工程师、2名副教授、2名局级干部、3名副局级干部以及4名公司经理，他认为这些都是所谓的"人才"。

我并不这么认为。我们不能说工程师、副教授和局级干部不是人才，但是全国劳动模范张秉贵和全国三八红旗手李素丽那样的劳动者就不算是人才吗？那些没有当上劳模，但同样为社会做出贡献的普通劳动者，就不算是人才吗？我认为，他们都是人才。

我们说教育要讲个性，这个"个性"也包括不同孩子的成才标准。即使孩子现在是第一名、第二名，长大后没有当上局长、经理，也不意味着他们就淡出了人才的行列。美国前总统卡特当选之日，有人向他的母亲表示祝贺，说她培养了一个杰出的儿子，而卡特的母亲却说："我还有一个同样杰出的儿子呢，他就是卡特的弟弟，现在正在我家后面的院子里种地！"在这位母亲眼中，只要孩子做一件事能做得出色，那就是优秀，当总统和种地没有区别。

教育要以孩子未来的幸福为导向

苏霍姆林斯基曾经说过："人是教育的最高价值。"这里的

"人"特指孩子，不论是家长还是老师，我们教育的对象都是孩子。所以，这句话我们也可以理解为"孩子是教育的最高价值"。如果我们承认孩子才是教育的最高价值，那就意味着教育必须尊重孩子的天性、尊严、个性、精神世界、发展潜力，尊重孩子未来的无限可能性。而这一切所指向的都是孩子的幸福。

教育，说到底就是要给人以幸福，但是，很多家长和教育者却经常对孩子说："你现在感觉辛苦，都是为了将来的幸福。"好像孩子现在这段经历都是在为未来做准备。可是，无论是陶行知还是苏霍姆林斯基，他们都认为，童年对孩子来说有着独立的价值，它本身就应该是幸福的。

教育，首先应该是育人，其次才是育才。什么是人才？就是拥有专门知识和专门技能的人。人才是被人用的，具有工具属性，如果我们只盯着培养"人才"，而忽略了培养完整的"人"，那么在未来，精致的利己主义者将会源源不断地出现。

所以，我认为，教育的目的应该是让"人"的价值高于一切，而不是"才"的价值高于一切。对孩子的一生来说，帮助他成为一个杰出的、幸福的人，要比让他成为一个所谓的人才意义更为重大。

不要再迷信所谓的"第十名现象"

最初提出的"第十名现象"是针对小学教育的，但后来经过媒体炒作，使其成了对基础教育的一个普遍认识。当然，相比中学生，小学生的可塑性更大，但正因为这样，我们更不能过分迷信"第十名现象"，因为未来成才的绝不只有第十名，也可能是第二十名、第三十名。

无论是小学教育还是中学教育，培养人都是很复杂的过程，因为每个孩子都是一个独一无二的精神宇宙，需要家长、老师、学校根据孩子的个性真正地因材施教。每个孩子未来成才的道路也不尽相同，这不仅与孩子所受的家庭教育、学校教育有关，还与他们的机遇、社会条件以及时代因素等息息相关。单纯地以"第十名现象"来概括教育与孩子未来成才的关系，我认为这是很不严谨的，家长也不要过于迷信于此。

第二章

高质量陪伴：学会发现孩子身上的闪光点

刘可钦

> 孩子长大是一件非常令人欣喜的事，家长不要再把自己当成孩子成长的监督者，而是要以孩子成长合伙人的身份，创造机会，鼓励孩子自己去尝试体验真实的世界，从中获得成长的知识和经验。

孩子需要有整体认知世界的机会

北京中关村第三小学前校长

刘可钦

如果我说,现在很多老师和家长都习惯于让孩子听话,让孩子在他们设计好的轨道中运行,我相信不少人都会点头认同。但是,这样的教育方式却忽略了孩子的需求。未来面对复杂世界和真实社会环境的人是孩子,如果事事都听大人的,他们又怎么能获得面对未来的能力和勇气呢?

所以,作为教育者,我认为,我们应该创造机会,让孩子学着去与这个世界打交道,允许孩子对人对事有自己的想法和观点,而不是让孩子做温室中的花朵,在他们毫无准备、毫无能力的情况下,把他们推向社会。

实际上,孩子上了小学三年级以后,在学校遇到的很多事情基本就不需要家长出面了,他们都可以自己处理好。比如在我们学校就发生过这样一件事:学校每天中午都有水果,由老师发给孩子,水果种类不一样,有苹果、梨、香蕉等。有的孩子在学校就吃完了,有的孩子不吃就会带回家。其中有个孩子,连着几天都没在学校吃水果,而是装在书包里带回了家,但孩子妈妈发现,孩子书包里装的水果每次都是有磕碰的。这让她有些生气,觉得是老师故意针对孩子,给孩子发了坏水果,所以想找老师说说这个事儿。不过,在找老师之前,这个妈妈先跟孩子打了个招呼,说:"我明天去问问你们老师,为什么总给你发这样的水果?"孩子一副很不解的表情,说:"妈妈,你问这个干什么?老师每次发给我的水果都是好的,是我放在书包里磕碰了,就变成这样了。"

这位妈妈很庆幸自己提前跟孩子进行了沟通,不然直接问老师,可能会闹出误会。但是,她第二天还是跟老师聊了这件事,说就是担心孩子会在班里吃亏,没想到是这个原因,差点儿就误会了老师。老师也很耐心,对这位妈妈说:"明天您让孩子来找我,我来指导他怎么放水果。"

虽然是一件很小的事,但这位妈妈并没有直接为孩子出头,或者在孩子面前抱怨、指责老师,而是先问问孩子,然后与老师沟通,这就是一种很智慧的方式。

很多时候,孩子对一些问题会有自己的想法,我们不要怕孩子遇到问题,而是要引导孩子学会对问题归因,让他们明白:这个问题为什么会出现?如果是你,会怎么处理?目的是帮助孩子把问题转化为成长的机遇。如果你事事为孩子包办,让孩子听话,或者孩子受一点儿委屈就感觉不得了了,那你的孩子永远无法成长,长大后也无法更好地适应社会。只有多鼓励孩子自己去面对问题,寻找解决问题的方法,孩子才能逐渐获得整体认知世界的机会。

家庭教育的方法、家庭成员之间的关系、对待事物的态度,以及家人与孩子沟通的方式等,都会在无形之中影响孩子,所以我们常说,"家风好"的孩子心量就好,也会很友善,对待人和事都很乐观。当然,随着孩子逐渐长大,他们的独立需求会越来越强烈,这也是孩子探索世界的可贵之处。这时家长要意识到,孩子长大是一件非常令人欣喜的事,家长不要再把自己当成孩子成长的监督者,而是要以孩子成长合伙人的身份,创造机会,鼓励孩子自己去尝试体验真实的世界,从中获得成长的知识和经验。

关于如何引导和培养孩子从整体上认知世界,我认为可以从三个方面入手。

学会问孩子三个问题

很多家长习惯问孩子"今天作业写完了吗""这次考试考

了多少分",这种总是把孩子的学习和成绩看得高于一切的家长,很难帮助孩子获得健康的成长。反之,了解孩子是如何学习的,孩子有怎样的学习态度,孩子在学习和生活中遇到了哪些困难,又是如何解决的,要比直接问孩子的成绩更有意义,因为这是对孩子的一种任务意识的培养。

所以,我建议你问孩子的问题是:"今天学校有什么好事发生吗?""今天你在学校过得怎么样?""今天有什么需要爸爸妈妈帮助的吗?"通过这三个问题,你不但能了解孩子一天中经历的事情和感受,还能知道孩子眼中的好事和不好的事到底是什么,孩子认为的困难是什么,从而帮助孩子更全面地了解自己,同时也能在提问过程中表达你对孩子的关心。

在孩子的成长过程中,家长要时刻保持平等、耐心和支持的态度。如果我们能用平等的视角,耐心地陪伴和引领孩子成长,同时又能给予孩子足够的支持,孩子就能不断打开自己的视野,看到和了解更大的世界。

与孩子建立理想的亲子关系——"合伙人关系"

家长要尊重孩子的价值发展需求,允许孩子遵从自己的个性来发展,拥有自己的生长规律,而家长的作用就是唤醒孩子的生长力。但是，唤醒孩子的生长力并不是要求孩子门门功课考100分，或者考上重点大学，因为社会不可能按一个标准来衡量千差万别的人。家长要能够从更科学的角度认知教育的多样性、孩子成长的复杂性与差异性，这样在教育孩子时才能更加从容。

鉴于此，家长需要与时俱进地更新自己的教育理念，最好能与学校形成一个学习共同体，并且要认识到，家长与孩子是人格平等的两个人，要逐渐从一个监督者变成孩子的合伙人，把那些吼叫、责令、指导、命令性的语言转化为倾听、对话、商量。

我经常跟家长说的一句话是：你希望的小苗长出来了，但也一定有你不希望却仍然存在的野草长出来。家长如果能够认识到这个客观规律，就不会老想着去给苗打药或者揠苗助长，那只会对苗造成更大的伤害。我们要用科学的方法让苗长得更苗壮，让它身边的那些杂草影响不了它，这才是遵循自然规律的"育苗"方法。

帮助孩子树立远大的志向

一些家长认为，让孩子树立志向是学校的任务，其实家庭也承担着同样的任务。远大的志向是孩子持久保持学习动力的重要影响因素，我们希望培养出来的孩子既能"扫一屋"，也能"观天下"，多年后成长为"家庭里能指望得上""单位里能够靠得住""国家民族能够立得住"的一代新人。所以，培养孩子的远大志向应该是家庭和学校共同承担的责任。

那么，家长该怎么帮助孩子树立远大志向呢？

首先，家长要引导孩子学习"扫一屋"。你可以在家中设立一个"家庭记事板"，每天把家中一些重要的事情记录在上面，让孩子看到家中遇到的问题，并且定期与孩子分享，鼓励孩子说一说如何看待这些事情和问题，和家人分享自己的看法和观点。

其次，家长还要引导孩子学习"观天下"。我们可以经常就社会上发生的一些事情与孩子沟通交流，比如我们可以和孩子聊一聊新冠肺炎疫情防控中的故事，聊一聊那些逆行者，聊一聊疫情当中的人生百态，等等。久而久之，孩子就会找到新的学习动力。这样孩子在长大以后，当国家、人民有需要时，或者在遇到两难的选择时，他才会更加坚定地做出选择，而不会纠结、迷茫、不知所措。

从小让孩子树立志向，对孩子的意志品质、眼界、思维方式等都是很好的启蒙。我们要让孩子明白，他们的世界不仅有学习，还有生活，以及外面更大的世界。这样可以帮助孩子慢慢懂得什么叫"尊重知识，敬畏自然""实事求是，坚持真理""挺身而出，临危不惧""责任担当，积极作为"。同时也要让孩子意识到，社会上也有百态人生，引导孩子明白什么叫"疏忽大意，畏首畏尾""推波助澜，没有立场""见利忘义，缺乏底线"。

总之，孩子最早对世界的认知来源于自己的家庭和家长，孩子对未来世界更长远的认知同样与家庭、家长密不可分。家庭是孩子最近的课堂，也是孩子的第一所学校；家长是孩子的第一任老师，更是孩子最好的老师。每一天，家长都在为自己的人生答题，同样也在为孩子的人生打样。要与孩子建立亲密和谐的亲子关系，帮助孩子建立能够整体认知世界的、正确的人生观与价值观，并不需要我们每天不停地给孩子讲一些空洞的道理，而是要用平等的交流、积极的引导和耐心的陪伴来为孩子建立面对未来世界的信心，让孩子朝着自己理想的样子无限靠近。

张斌平

" 未来世界最大的特点就是不确定性，我认为，应对这种不确定性最有效的武器就是永远饱满的生命状态。"

幸福的孩子，
是有"精气神"的孩子

北京景山学校党委书记、通州分校校长
北京五中前校长

张斌平

"精气神"是中国传统哲学文化对人的生命状态的一种最简洁的描述。其中，"精"是基础，它代表着人的生理物质，说明人一定要精力充沛。"气"是人的生命活力的表现，孟子说："吾善养吾浩然之气。"（《孟子·公孙丑上》）北京五中分校从初中一年级开始就培养学生的"六气"，即大气、正气、志气、朝气、灵气、书卷气。"神"代表人的魂魄，是人的智慧的结晶。《左传》中讲道："神，聪明正直而一者也。"（《左传·庄公三十二年》）认为"神"是人的情感、意志、智慧所凝结的。我们经常说某些人很"神"，其实是说这个人融合了所有的知识、技能、体力而产生的创造力和创新意识。

所以，精、气、神合为一体，就展现出了一个人的生命状态。有"精气神"的人不一定都是慷慨激昂的，但一定是坚韧不拔、不屈不挠的，是拥有饱满的生命状态的；有"精气神"的人也不一定拥有地位和财富，但一定是快乐、幸福的，是对生活充满热爱的。

未来世界最大的特点就是不确定性，我认为，应对这种不确定性最有效的武器就是永远饱满的生命状态。如果一个孩子拥有这样的生命状态，他在未来就可以应对各种坏情绪和困难挫折，也会永远觉得自己有事情想做、有事情能做、有事情可做。这样的人，你说他会没有追求、没有幸福感吗？一些人因为觉得自己的人生没有目标，无事可做，才会时常感到生无可恋，而"精气神"是对这种感受和想法的最好对抗。

现在，绝大多数家庭中的孩子都衣食不缺，但越是这样的孩子，越需要一个良好的生命状态。这种状态应该通过教育去赋予他们，如果我们的家庭教育和基础教育不能给予孩子一个良好的生命状态，我认为这样的教育就是失败的。不论是家长还是学校，我都希望能帮助孩子拥有一个具有"精气神"的生命状态。

那么，什么样的孩子才是有"精气神"的孩子呢？

有兴趣

这一点很容易理解，如果从小培养孩子的兴趣，帮助孩子找到能让他坚持下去的事情，孩子就能从中获得努力追求生活的信念，甚至找到自己未来的职业方向。

有个孩子在中学时学习成绩很一般，家长为此一直担心。但最终这个孩子被中国人民警察大学录取了，家长非常高兴！他是怎么做到的？

原来这个孩子从上初中起，就特别喜欢参加升旗仪式，每次学校请国旗护卫队的战士来升旗时，他都表现得非常兴奋，并且非常羡慕国旗护卫队战士的英姿、挺拔和威武。于是，他就争取担任了他们班的升旗手，还潜心研究升旗手的动作、规范标准。等上了高一，他更加热爱国旗，跟学校申请要在学校组织成立一个国旗护卫队。学校都是由各班级轮流升旗，他希望学校能有个固定的国旗护卫队。这个申请送到了我这里，我觉得孩子有这个想法很好，应该支持他，就批准了这个申请。于是，他就在全校招募了20多名同学，组建了一支国旗护卫队。

不久后，他又申请要利用上操时间训练，我批准他可以不用上早操，但也对他提出了要求，就是要保证每天训练的效果，且运动量要超过早操。他向我保证一定做到。

从那之后，我天天早上都能看到他在操场上，按照升旗仪式的整个流程进行训练。到高二时，他又向学校提出申请，问能不能给他们配备像国旗护卫队战士穿的那种制服。我又答应了他，并且表示会检验他们的训练成果，如果能达到一定水准，重大场合就让他们代表学校升旗。到高三时，他们真正实现了在全校性大型集会活动中代表学校升旗的愿望。在升旗过程中，他们完全按照天安门国旗护卫队的方阵、标准来做，非常精彩！

到高三时，他的家长见他成绩一般，很着急，但我觉得这孩子有自己的兴趣和目标，错不了！从那时起，他就立志要报考军事类院校了。等后期政审时，他的经历发挥了作用：学校国旗护卫队的队长，主持参加过若干重大活动，很不错。为此，学校还给他开了绿灯，带他到天安门国旗护卫队参观，学习真正的护卫队战士一天怎么生活、怎么训练。最终他如愿以偿地被中国人民警察大学录取。

这个孩子能进入他理想的院校有一个重要前提，就是对升旗有着浓厚而执着的兴趣。因为有兴趣，他才更愿意去尝试、去训练、去探索，并且想要做得更好。这种自动自发的过程会不断推动他去坚持自己的兴趣和热爱，最后也一定能够产生好的结果。

当然，我这里说的"有兴趣"是让孩子做自己真正喜欢的事，并且能够胜任，而不是家长喜欢，然后强迫孩子去坚持、去完成。这是两码事。

有目标

孩子有目标，才会不畏困难，失败了也不会过度否定自己。但这个目标不是与别人攀比，而是把自己当成起点，与自己相比，自己的今天比昨天进步了多少，自己距离目标还有多远，如果失败了，原因是什么。按照这样清晰的目标前进，孩子才不会迷失方向。

1965年，一个13岁的孩子在读初中一年级，一年后出于种种原因辍学了。可是，这个只在初中读过一年的学生，一辈子都在回忆学校教育带给他的成长促进作用。后来，他自学成才，成了一家企业的老总，50多岁时还去考了个博士。我对此挺不理解，他解释说在初中就读的那一年，让他树立了一种以学识素养为终身追求的目标。他说自己当时在学校里感受到的就是：以无知无德为耻，崇尚才艺，崇尚修养，崇尚学识。

初中一年的学校教育能给予一个孩子一生的成长动力，我想这样的基础教育对这个孩子来说就是成功的。

学校教育需要培养孩子的目标感，家庭教育也不能拖后腿。现在很多孩子从小就承受着巨大的学习压力，高考就是他们生命中一个非常重要的转折点。紧张的考试一结束，他们紧绷的弦立刻就会放松下来，于是很多人感到空虚、无聊，找不到人生的意义，对未来也充满了焦虑。这样没有目标感的孩子，也许在学校里成绩不错，但未来进入社会后，很容易陷入无尽的迷茫和慌乱中，因为他们普遍缺少对自己生命状态的观照和追求。你认为教育公平是孩子的需求吗？找一份好工作是孩子的需求吗？有一个好婚姻是孩子的需求吗？都不是。那是社会和家庭对他的需求，而他自身成长的首要需求，就是一辈子都能拥有一个积极的生命状态。

有规划

科学的规划能让孩子少走很多弯路，为此，很多家长早早就开始为孩子的未来做规划，比如给孩子报各种兴趣班，周六周日牺牲自己的休息时间，带孩子去学习各种知识和技能。这一切的付出都是为了让孩子未来能拥有一个美好的人生。

但我想说的是，这是家长的规划，不是孩子的规划，或者说并不见得是孩子喜欢的、真正感兴趣的规划。真正的规划应该是尊重孩子的个性与特长，然后引导孩子朝着更加深入的方向发展。等孩子发展到一定阶段后，家长再引导孩子思考清楚，他是否真的喜欢自己的特长，是否愿意长期发展。如果孩子的回答是肯定的，家长再让孩子对自己的个性与特长发展制订规划。有了这种引导和规划，孩子才会更加努力地发展自己，朝着自己的目标和方向不断前进，并不断从中获得学习的乐趣与成就，人生也会逐渐变得充实起来。

有毅力

孩子在生活、学习和成长过程中，会遇到很多无法预料的困难。要面对和解决这些困难，需要依靠孩子坚强的意志力。这个意志力，就是孩子的毅力。

要培养孩子的毅力，家长就要"狠心"一点，让孩子从小锻炼自己的事情自己做，建立"自己能完成的事情就不要麻烦别人"的意识，让孩子远离"巨婴""熊孩子"这类绰号，不断提高孩子的生活自理能力和自立能力。这样，孩子以后在生活和学习中遇到问题和困难时，才会积极地想办法解决，为自己积累更多的知识和经验。机会永远都是留给有准备的人的，这个"有准备"的要素之一就是毅力。

2021年冬天有件小事让我非常感动：有个高一年级的孩子在做完核酸检测后并没有马上离开，而是主动帮助我们维持秩序，协助居民用手机提前预约，节省排队时间，在寒风中当了足足三四个小时的志愿者。看着他穿得单薄，大人们几次劝他回去，可这个孩子一直没走，一直在现场坚持，哪里需要就跑到哪里。

虽然这只是一件小事，却让我看到了这个孩子身上能够克服困难、不断坚持的毅力，这是一种非常好的品质和精神。

需要注意的是，在孩子的成长和磨炼过程中，家长最好是充当冷静的旁观者、无声的示范者和热心的"垫脚石"。当孩子自己尝试解决问题时，家长不要参与其中或指手画脚，而是要给予孩子充分的自我尝试的空间和机会。如果孩子遇到了搞不定的问题，但没有直接向你求助，你可以用自己的言行为孩子做出示范，帮助孩子掌握解决问题的方法和技巧；如果孩子向你求助了，你可以适当给予孩子引导，启发孩子的思维，并且鼓励孩子自己通过实践得出最终结论。这样，孩子才能得到真正的锻炼。

有特色

很多家长觉得，孩子有特长就是"有特色"，其实不是。我这里说的"有特色"，是说要让孩子做最好的自己，拥有自己的个性和特点,并且这个特点是良性的,是有助于孩子的身、心、灵健康成长,可以让孩子体验到兴趣、理想所带来的愉悦感和成就感的。

孩子的独特性决定了孩子的创造力,如果家长对孩子的个性特点不了解、不宽容,那么孩子就没办法也没机会把自己的想法落实到行动中,更不能体会到把想法转变为行动的喜悦。所以,当孩子表现出一些独特的特质时,家长要给予包容、认可和尊重,并鼓励孩子按照他的特质去成长和发展,去勇敢地实施他的一些独特的想法。即使孩子可能会遭遇失败,他们也能从中获得经验,并学会总结失败,重新去寻找获得成功的机会与方法。

如果孩子具备了以上五个特点,我认为他就是一个具有"精气神"的孩子。我希望家长在陪伴孩子成长的过程中,一定要多给他们机会去展示自我,帮助孩子挖掘自己的兴趣和特长,并引导孩子树立目标,鼓励他们坚持追求自己的目标。经过这样的过程,即使未来孩子不能拥有很高的地位、很多的财富,他的人生态度也会非常积极、乐观。教育的核心本质,就是要让孩子永远拥有一种积极的生命状态和人生态度,这也是我们的教育最重要的使命。

詹大年

"
帮助孩子建构与自己、与他人、
与自然、与社会的完整关系,
才能塑造孩子完整的人格,
满足孩子的成长需求。
简而言之,教育,是建构关系;
关系,是满足需求。
"

好的关系，才是好的教育

昆明丑小鸭中学校长

詹大年

在多年的教育工作中，我发现，在很多情况下，我们以单一的分数来评价孩子的好坏，导致孩子的主体意识丧失。一旦孩子表现出学习成绩不佳、厌学等状况，便被贴上"问题孩子"的标签。

与此同时，家庭功能也存在比较严重的缺失。一些家长对于家庭的教育功能并没有形成明确的认知，一旦发现孩子出现不听话、不爱学习、沉迷于电子产品、青春期叛逆等情况，就不知道问题出在哪里，也不知道该采取什么措施。

其实，孩子这些所谓的"问题"，多是我们从成人角度来界定的，有些问题不一定是教育本身能够解决的。有的问题属于生物学问题，如孩子的大脑发育、能量供给等。比如有的孩子个子长得太快，加上学习任务重，体力消耗大，上课会睡觉，这时有的老师可能就会认为他破坏纪律，其实他并不是想破坏纪律，仅仅是因为困倦想睡觉而已。还有些问题属于心理学问题、教育学问题，甚至有些孩子的问题是未知的，即使我们研究很久，也仍然束手无策。但如果教育者因此就认为孩子"有问题"，就会导致孩子逐渐丧失主体意识。孩子在心理上找不到自己作为主体的存在，需求没有被真正看见，就会以破坏规则的方式来表达需求。

作为教育者，我们经常思考教育的目的是什么。我认为，教育的根本目的是把孩子的主体还给孩子，帮助孩子更好地成长，让孩子拥有完整的人格，获得幸福的人生。孩子的成长与成功之间存在着密切的关联性。我看到很多学校在介绍学校基本情况时，都着重介绍学校的师资力量、成绩以及学生考入名校的比例等，与以往的教育以培养人才为目的大相径庭。家长在教育孩子时往往也都以孩子的成功为目标。教育本应指向孩子的成长，而不应该是成年人所理解的成功。优秀、成功、幸福也不是对等的。有的人优秀但不成功，有的人优秀、成功但不幸福，我认为我们不能用优秀、成功来衡量孩子的未来。

2011年，我在昆明创办了丑小鸭中学，面向的就是一些所谓的"问题孩子"。在实际教育过程中，我发现这些孩子并不是真的有问题，"问题"出在传统与世俗教育的疏漏，出在整齐划一模式的不包容和不接纳，出在家庭教育的偏颇与功利。这些是孩子们解决不了的问题，或者说，是这些问题在孩子们身上愈演愈烈，才使他们表现出不听话、厌学、成绩差、叛逆、手机不离手、不好教育等所谓的"问题"，导致成人认为他们是有问题的。

比如，一个孩子不想上学，这时，家长要做的不是逼着孩子去学校，而是要弄清楚孩子不肯上学的原因。很多时候，孩子不想上学是因为他在上学期间遇到了让他痛苦的事情，比如在学校里遭到嘲笑、忽视、曲解、冷落甚至霸凌等，让他感觉难受、孤独、痛苦。要摆脱这种感受，他没有其他办法，只能通过不上学的方式逃避，并且这也是他唯一能想到的解决问题的方式。如果家长不弄清楚原因就强迫孩子去上学，可能会引发更严重的问题。

所以，要让孩子回归到正常的生命状态，我们就要弄清楚教育的出发点，也就是我们要用什么样的方式来帮助和促进孩子更好地成长。在我看来，好的关系才是好的教育。帮助孩子建构与自己、与他人、与自然、与社会的完整关系，才能塑造孩子完整的人格，满足孩子的成长需求。简而言之，教育，是建构关系；关系，是满足需求。很多时候，孩子表现出来的各种学习问题、心理问题，其实都是孩子在关系上出现了问题，是孩子的需求没有得到满足。

怎样才算是对孩子"满足需求"呢？难道是无条件地满足孩子的一切要求吗？

并非如此。我举个例子大家就明白了。

丑小鸭中学以前有一个女学生，可以说，她是我见过的最调皮的学生，现在已经结婚成家了，事业发展得也不错。大约在前年，我们见了一面，她跟我说："校长，您知道我从什么时候开始听话的吗？"然后就给我讲了一件事。她说，有一次她在学校操场上吃苹果，一个苹果被她咬掉了大半，这时我从操场经过，她就问我："校长你吃苹果吗？"我回答说"吃"，她顺手把自己啃掉大半的苹果递给我，我拿过来看也没看，直接就把这半个苹果吃了。

她告诉我，那一刻她特别感动，因为我让她想到了她的爸爸，只有爸爸才会不嫌弃自己孩子啃了一半的苹果。就是从那一刻起，她决定好好听我这个"爸爸"的话。

说实话，这件事我已经忘记了，但我并不怀疑她讲的这件事，因为类似的事在丑小鸭中学经常发生。我当时想的应该是，这个孩子用那么善良、友好的方式对待我，我也一定要用善良、友好的方式对待她。这是不需要思考的，也不需要想我是吃还是不吃这个苹果。

人的很多生命需求都是相同的，比如渴望被关注、被察觉、被理解。当孩子的这些需求获得满足后，你与孩子之间也就更容易建立起良好的关系。

但是，很多老师、家长根本看不到孩子的这些需求。当孩子表现出一些问题时，他们想的不是解决问题，而是消灭问题。孩子不想上学，就逼着他去上学；孩子成绩差，就给他报课外班补课；孩子不听话，就把他关起来反思；发现孩子早恋了，就千方百计地阻止他谈恋爱……总之，就是要让这些问题在我们眼前消失。殊不知，这样只会把孩子推得越来越远，与我们的关系越来越糟糕，真正的问题也永远无法解决。

那么，我们怎样解决与孩子之间的关系问题呢？我总结了三个关键词：对话、立场和希望。

对话：了解孩子内心的想法

在跟孩子沟通时，有的老师和家长会用"谈话"，有的会用"做工作"，但我更推崇"对话"。

一说到谈话、做工作，我相信很多人首先想到的就是说教、讲道理，心里已经想好了怎么说，然后说给孩子听，或者把自己的想法灌输给孩子。总之，这些方式都是希望孩子能听大人的话。

对话则不同，对话的前提是尊重、平等、倾听、妥协和延续。当我们尊重孩子是一个独立的主体，针对孩子的个性了解其需求的时候，很多问题就好解决了。比如妈妈把早饭做好了，孩子不想吃，这时我们要做的就是弄清楚孩子为什么不想吃，是因为早餐不合胃口，还是此时此刻他没有心情吃，而不是斥责孩子"我那么早起来，辛辛苦苦给你做饭，你为什么不吃"。这就是没有倾听，也不理解孩子的想法，自然也解决不了根本性问题。简单来说，我们只要记住"主体、个性、需求"，教育怎么做都不会错。

对话的目的是下一次还能继续对话，所以在对话过程中，我们一定要以尊重、平等的姿态倾听孩子的表达，接纳孩子当下的情绪和状态。这时，即使问题不能马上解决，我们也能了解孩子的内心想法，了解问题的本质是什么。

立场：和孩子站在一起

有一年暑假，一位母亲把一个14岁的女孩送到丑小鸭中学。这个女孩喜欢表演，但打扮得花枝招展的，脸上画着很浓的妆。她见到我的第一面，就问我："校长，您看我化妆好看吗?"我说:"好看。"她说:"那我明天画给您看!"我说:"我觉得你不化妆更好看,因为最漂亮的应该是青春本来的模样。"她说:"话是这么说,但我明天还是想化妆给您看。"但从那以后,她再也没有化过妆。

还有一件事。有一天她问我:"校长,你们学校能谈恋爱吗?"这个问题其实并不好回答,如果我直接说"不可以",她可能就再也不愿意跟我深入沟通了;如果我说"可以",显然又违背了对中学生的要求。这时,我就用对话的方式反问她:"是你看上谁了,还是谁看上你了?"她摇摇头。我说:"那就等哪天你看上谁,或者谁看上你了,我们再来沟通这个问题,好不好?"这次她点点头。

我举这两个例子是想说,我们要学会站在孩子的立场,通过对话而不是谈话、做工作的方式与孩子沟通。事实上,很多时候我们认为孩子的问题根本就不是问题,比如谈恋爱,很多家长视其为洪水猛兽,但其实它不过是一个人成长发育过程中的一段必然的经历而已。如果你把某件事当成问题对待,感觉它让你不舒服,那么它就是问题;如果我们不把它当成问题,或者是尊重这个问题,并和孩子进行探讨,站在孩子的立场一起面对,那么我们就会和孩子一直走在解决问题的路上。这个过程也是一个教育的过程,我们怎样对待问题,孩子以后就会怎样对待问题。在这个过程中，我们要让孩子看到沟通的希望，让他有所期盼，让他知道我们是和他站在一起，并且愿意跟他一起面对问题的，这样才有可能和孩子建立和谐的关系，并更有质量地与孩子沟通下去，帮助孩子解决他面临的问题。

希望：让孩子心中有期待

美国纽约大学教授詹姆斯·卡斯写了一本书，叫《有限与无限的游戏》，书中向我们展示了生活中的两类游戏，一类是有限游戏，目的是赢得胜利；一类是无限游戏，目的是让游戏一直玩下去，让游戏者看到希望而不是绝望。

很多人把孩子的学习问题玩成了有限游戏，却把对孩子的批评、指责、说教玩成了无限游戏，恰好把位置颠倒了。实际上，我们应该把孩子的学习玩成无限游戏，让孩子一直对学习保持兴趣和热情，一直把这个游戏玩下去；而批评应该是有限游戏，因为批评不是为了分出胜负，而是为了让孩子学会思考、学会更好地处理问题。如果我们让孩子把学习玩成了有限游戏，那么他学习结束后，可能就会直接把课本撕了；同样，把批评玩成无限游戏，那么批评结束后，他也不会思考，即使认错也是假装的，反正还会再被批评嘛，还思考什么呢？

这就提醒我们，在教育孩子的问题上，一定要让孩子能在内心中对我们产生希望、产生等待，想要与我们沟通，建立关系。你把孩子养亲了，教育才有灵感，你才能更有质量地与孩子沟通，教育也才有可能真正发生。

所以，我们常说，教育就是多给生命一条路——一条可以玩下去的路。孩子生来就是来享受快乐、感受幸福的，而不是为了受教育来的，所以即使孩子需要接受教育，也应该是尊重人性、关注个性的教育，否则就不是教育，是生产。教育的本质永远是为了发展人性，如果不是为了发展人性，教育又有什么意义呢？

李海林

> 孩子的情绪会决定他的观念,观念会决定他的态度,态度则直接决定他的行为。

跟孩子拼持久力，而不是拼情绪爆发力

上海洋泾中学前校长
上海新纪元双语学校校长

李海林

北京大学的一位教授曾指出，现代大学生身上出现了一种令人担忧的现象，叫作"空心病"。简单来说，它是一种情绪现象，孩子们常常感觉情绪低落，兴趣减退，快感降低。如果到医院检查，可能会被诊断为抑郁症，但问题在于，所有药物对它都无效。

实际上，这些孩子之所以患上"空心病"，很大一部分原因是小时候没有得到家长和老师给予他们的充分的心灵滋养。这些孩子可能从小成绩优异，懂事听话，是家长和老师眼中的"乖孩子""佼佼者"，但随着年龄增长和目标的一个个实现，他们的孤独感和无意义感却越来越强烈，不知道自己生活的意义和价值是什么。以前自己生活的目标是好好学习，考入名牌大学，找一份好工作，现在这些目标一个个实现了，接下来要干什么呢？他们迷茫了。

我很早就意识到了这个问题。中国经历了高速发展的40年，人人都在拼命地向前奔跑，忽视了自己的内心，如今中国社会、中国人的多数问题，归根结底都是因为心灵到处是创伤和荒芜。所以面对孩子时，我们不能再本着"不出事就行，分数最重要"的态度去培养他们，而是要多关注他们的心灵健康和情绪变化，让孩子获得更幸福、更优质的心境。用我一直以来的话说，就是"带着温度"去培养孩子。

不过，我这里所说的"温度"，并不是指家长为孩子的成长和教育所投入的金钱、付出的精力，也不是名校老师十几年的教育理论所带来的经验，而是真真切切地体现在教育孩子的种种细节之中。比如在学校里，我会要求老师学会面对孩子微笑，习惯性地给予孩子拥抱，而不是整天板着脸，动不动就批评、教训孩子，让孩子看到老师就害怕、想逃走。我希望我们的孩子能够健康、阳光、自信，穿上西装是绅士，穿上军装是猛士，能够拥有健康的体魄、稳定的情绪、阳光的心态、坚强的意志，以及有规则的自主性。这才是新时代的孩子该有的模样。

同样，家长也必须改变以往的教育理念。现在的很多家长会把孩子"该不该睡觉""该不该写作业"等当成行为问题，把"学习成绩上不去""不喜欢学习"等看成学习问题。但从我们教育者的角度来看，不管是行为问题还是学习问题，抑或是人际交往问题，甚至是道德品质问题，其根源都是心理情绪问题。

如果把孩子的内心世界比作一座冰山，海平面以上的言行部分是我们看得见、摸得着的，那么海平面以下是什么呢？是孩子的态度。决定孩子态度的，是孩子对于生活、人生包括学习的观念；观念之下，还有孩子的情绪。孩子的情绪会决定他的观念，观念会决定他的态度，态度则直接决定他的行为。

但是，"深海"之下的这部分一般是我们看不到的，所以我们会感到孩子越来越难管，行为问题越来越多。其实最根本的原因，是我们根本不懂孩子内心在想些什么。

美国心理学家简·尼尔森在正面管教理论中提到，孩子在成长过程中都有寻找自己的归属感和价值感的根本需求，但孩子的这些内在需求却总是得不到满足。结合我们当前的教育状况，我认为产生这种现象的原因主要有四个。

问题一：代际"隔离"，只能叛逆

我们总有这样一个误区，认为孩子只要得到大人的关注，他们就会有归属感和存在的价值感。但其实孩子真正需要的可能恰恰是大人忽视的。这就是我们成人世界与儿童世界的隔离。孩子的需求得不到满足，就容易做出一些"叛逆"的事，以引起大人的关注。

问题二：自我"觉醒"，我的事情我做主

一位大型国有企业的老总曾认真地问我："我在单位里管着几千号人，其中不乏顶尖的科研工作者，都管理得非常好，但为什么我在家里就管不了自己的孩子呢？"

我告诉他，原因就是家长和孩子之间的关系从来不是大人管小孩，更不是上级领导下级。孩子的成长过程同时也是其自主权逐步觉醒的过程。孩子能觉醒到什么程度，关键要看大人赋予他们多大的自主权。如果你给孩子太多的自由，他可能会做坏事，因为孩子还没有足够的自控力；但如果孩子的自主意识已经发展到较高水平，却没有得到相应的"自主权"，他们就会反抗。一旦他发现只要反抗，大人就会让步，那么他自然会得到"暗示"：所有的自主权都需要自己通过反抗才能得来，这时孩子可能就会天天都想反抗，事事都想自己做主。

所以，家长需要给予成长中的孩子一定的自主权，但又不能一次性全部给孩子，而是要根据他们的成长一步一步来，这

个过程是很难的。

问题三：我们伤害了孩子，却还不自知

孩子都有一套自己的价值观，有时又不能很好地表达，结果就会与家长之间出现矛盾和分歧。而这个时候，我们可能会伤害到孩子，自己却不知道，导致孩子经常与我们针锋相对。

解决这类情况的关键就是与孩子好好沟通，承认自己曾经伤害过他。我们常说夫妻之间只讲感情不讲道理，同样，和孩子之间也不能只讲道理，还要多讲情感。

问题四：自暴自弃的"习得性无助"

每个孩子都有自己的价值追求，都在寻找自我归属感，但如果孩子反复地被家长、老师甚至同学排斥，他就会慢慢丧失价值感和归属感，这就是"习得性无助"。经常处于"习得性无助"状态的孩子很容易自暴自弃，这是最难教育的。

以上四种现象，我希望永远不要出现在我们的孩子身上。要避免这些情况出现，就对我们这些教育者提出了较高要求。好在教育的过程是弹性的，也许我们曾经犯了很多错误，但只

要从现在开始积极改正，我相信也不算太晚。

当然，做到这一点对家长来说是个很大的考验。尤其是孩子明明犯了错，我们又不能有情绪冲动，那该怎么办呢？

我的答案就一个：不和孩子拼情绪爆发力，而是拼持久力。面对道德品质问题、行为规范问题等一些原则性问题，我们绝不后退半步，但要有足够的耐心。当孩子处于情绪爆发状态时，我们要给他发泄的途径，等孩子把情绪发泄完之后，再跟他沟通问题，就更容易解决了。

我们学校一般会把孩子的情绪分为 ABCD 四级，并且明确规定，当孩子的情绪处于 C 级，也就是即将爆发时，我们要暂时"中止教育"，这种中止我们称为"积极中止"。随后，老师会给孩子签一张纸条，把孩子送到学校的心理健康中心。心理健康中心的老师接手后，不是对孩子进行行为规范和思想教育，而是采取五种方法来对孩子进行心理疏导。这五种方法分别为：

- 心理访谈，即谈话。
- 心理游戏。
- 心理沙盘推演。让孩子把自己的心理、情绪状况等，用物品在沙盘上摆出来，然后由老师来帮孩子分析他当前的心理状态。

• 心理治疗椅。让孩子坐在椅子上,椅子前的电子屏幕上会反映出孩子的心跳、血压等,让孩子看到自己的心理变化。

• 发泄室。如果以上四种方法都无效,老师会把孩子带入一个小房间,这个房间的地板和墙壁上都贴满了厚厚的海绵,里面还有一个橡胶人,孩子可以在里面尽情发泄自己的情绪。

这套流程走下来,可能需要一两个小时,有时甚至会花上一天时间。等孩子的情绪真正平静下来后,心理健康中心的老师会给他出一个单子,表示孩子的情绪已经处理好了。孩子拿着这个单子回到老师身边,这时老师再就之前的问题跟孩子沟通,继续教育。

这个过程应该可以给家长提供一些参考,虽然家长可能无法像心理健康中心的老师那样专业地帮助孩子疏解情绪,但当孩子出现情绪时,家长一定不要"以硬碰硬",非要当时"制住"孩子不可,而是要先用恰当的方法帮孩子处理好情绪。孩子的情绪处理好了,你才能跟他进行下一步的沟通,也才有可能改变他的观念、态度和行为,解决他面临的问题。

所以现在做家长真的很难,不仅要有足够的修养,还要有足够的情绪控制能力,但不管如何,我觉得家长掌握下面三个原则,通常就能帮助自己更好地克制情绪,等待孩子慢慢长大。

第一个原则：两害相权取其轻

当我们决定"管束"孩子时，不妨先做一个评估：如果不给孩子自主权，孩子会反抗到什么程度？如果给孩子自主权，孩子因此犯了错误，又会给他带来怎样的损害？

将两者对比一下，然后两害相权取其轻，我们自然就知道该怎么做了。事实上，教育孩子从来就没有最好的方法，只有相对不那么坏的方法。

第二个原则：把孩子当成你的同事

试想一下，如果你的同事做了一件你认为不对的事情，你会介入到什么程度？很可能最多就是友好提醒吧？

对进入青春期的孩子来说，也是如此。我们在和 11 岁以上的孩子相处时，最好掌握一个界限，就是我们常说的分寸感。最简单的方式就是把孩子当成一个你比较熟悉的同事，从这个限度上把握，大致就不会出错。

第三个原则：你自己首先能做到再要求孩子

在给孩子提出一些要求时，如果我们自己首先能做到，再要求孩子做，大致是比较妥帖的。但如果我们自己都做不到，却要求孩子做到，这怎么可能呢？

比如，你每天会花半小时的时间刷手机，那么你可以把自主刷手机的 30 分钟权利让给孩子，一旦超过 30 分钟，你就可以进行管控。这在道理上也更能站住脚。

从以上三个原则来看，教育孩子往往不在于家长怎么想，重要的是孩子如何感受。家长掌握了沟通的智慧，能够保持动作及语言上的克制，先耐心地帮孩子处理情绪，再去处理问题，往往就能让沟通变得更加容易和有效。

此外，我还有一个方法很想分享给家长朋友，就是和孩子一起进行亲子共读，我认为这也是缓解情绪冲突和亲子矛盾非常有效的一剂良药。

我们学校有一个"一千万计划"，就是让孩子在 4 年内完成 1000 万字的阅读量。如果孩子能够完成这个计划，那么他的阅读语感、文感、文化感等都能很自然地形成。

当然，这 4 年也是有要求的，我认为孩子从六年级到九年级的 4 年是阅读的黄金时期，因为这时孩子的整个大脑已经全部打开，可以像海绵一样源源不断地吸纳各种各样的信息，阅读吸收的效果也最好。过了这个阶段，孩子的生理、心理、思维结构渐渐固化，吸收效果就不那么明显了。

如果从家庭角度来推广阅读，最合适的方法就是亲子共读。家长和孩子共读一本书，坚持下来，家长和孩子之间渐渐就有了共同语言，也有了可以沟通的话题。所以，家长可以先观察一下，孩子最近在看什么书，自己也买一本，并且要比孩子看得更认真，对里面的内容、情节等了如指掌，然后再去跟孩子讨论，通常很快就能和孩子产生共同语言。其实孩子之所以不愿意跟家长沟通，很多时候是感觉和家长没有共同话题，慢慢就产生了隔阂。如果你跟孩子之间有了能一起讨论的话题，也就有了沟通的理由。通过这种方式，我们既能与孩子建立起良好的沟通，还能避免或化解一些矛盾和冲突。

教育，原本就是一项优雅而缓慢的事业，精心呵护，静待花开。所谓优雅，就是说教育要干净，不要掺杂太多的功利追求；所谓缓慢，就是说要学会等待，要有足够的耐心和持久力，顺应孩子成长的节奏。教育也是一个培育心灵的过程，需要点滴浇灌，慢慢积累，急不得，也急不来，我们绝对不能用自己的节奏去揠苗助长。这一点希望老师和家长都能明白。

程红兵

> 孩子的学习成绩固然重要，但从长远发展来看，孩子为人处世的方法与态度、良好的修养素质、正确的三观才是他们未来走得更远的关键所在。

让孩子打开眼界与格局

上海建平中学、深圳明德实验学校前校长
上海金瑞学校总校长

程红兵

美国著名教育学家杜威曾经说过，教育即生长。换句话说，你选择怎样的教育，就等于选择了怎样的生长方式。杜威还认为，教育是孩子现在生活的过程，而不是将来生活的预备，好的教育应该是让孩子从生活中学习、从经验中学习，而不是从教科书中学习。

过去我们常说教科书是孩子的世界，从这个意义上来说，孩子是需要读书的；但是，今天我们说世界是孩子的教科书，孩子应该面向生活、面向社会、面向世界。这就提醒我们，教育不是把孩子整天禁锢在书本上和屋子里，而是要带着孩子走进生活、走向社会，让他们主动接受社会性教育，打开他们的视野、眼界与格局。教育的真谛，就在于将孩子的社会化期许与个性化成长和谐统一。社会化期许，是孩子所处的国家、社会乃至时代需要他们去学习和掌握的知识和技能；而个性化成长，则是孩子出于自身的兴趣、个性和能力，想要去学习和能够掌握的东西。

当然，无论是孩子的个性化成长还是孩子的社会化过程，都离不开家庭教育、学校教育，同时也离不开社会教育。让孩子走向社会，参与各种社会实践活动，理解社会生活，从中逐渐找到自己的人生坐标，做好职业生涯规划，以适应未来社会对人才的基本要求，这是我们作为教育者应尽的职责，也是给孩子最好的教育。

视野和思维决定一个人走多远

我在办学过程中一直坚持一个理念，就是打开学校的大门，多带孩子到外面去看一看、学一学，拓宽视野，开开眼界。在我看来，教育者的眼界决定了孩子的眼界，因此读书、行走也是我生活中不可或缺的东西。我曾经带着孩子们到阿曼去，还在当地参加了一个节目，与当地的孩子进行了一场对话，由他们向我提问。我觉得自己也算是走南闯北的人，回答这些孩子的问题肯定不在话下，哪知道他们一下子就把我问住了。

其中有个孩子问我："你作为校长，热情地邀请我们到你们的国家去，跟你们的学生一起学习和生活，还可以到你们的学生家庭去住宿，那你们会不会像白种人那样，用鄙视的眼光看我们呢？你们的老师、学生还有学生家长，会用什么样的眼光看我们？"

还有一个孩子问我："你们有十几万中国人来到我们国家，是真的想帮助我们搞建设，还是来掠夺我们的资源的？"

这些问题都很厉害，竟让我一时不知道如何回答。就是在这样的交流当中，孩子们更加真切地感受到世界文化的多元性。孩子长大后如何对待多元文化，他们的态度和价值观就是在日常的这些交往过程中形成的。同时我们也看到，我们的孩子思考问题的深度、提出问题的尖锐程度，是达不到人家的程度的。从这个意义上来说，读万卷书固然重要，行万里路也同样重要。

所以，我认为好的教育就是多为孩子提供看世界、了解世界的机会，开阔他们的视野与思维，打开他们的眼界与格局。视野和思维可以决定一个人未来能走多远，眼界高低则决定了一个人格局的大小，而格局又决定了一个人未来的舞台有多大。这些都会深刻地影响孩子未来的人生。

我在明德担任校长期间，经常会组织孩子们走出校门，让孩子们去外面体验真实的生活。比如，我们会到国家自然保护区，或者到一些知名企业，如腾讯、大疆、华为、华大基因、万科等，跟工程师们学无人机制作、学编程、学建筑设计。这些活动每次都给孩子们带来很大的震撼。

在寒暑假，我们还组织学生离开深圳的家，到贵州山区或是海南中部一些贫困的地方去体验生活。这些地方的生活与深圳的城市生活反差非常大，孩子们的体验自然也不一样。什么叫作中国？在大城市久待的孩子以为中国的城市乡村都像上海、北京、深圳、广州一样，我们就是要让孩子看到更丰富的、与大城市完全不同的中国各地。

此外，我们还跟英国、美国、阿根廷及非洲一些国家的学校"结对子"，互相往来，让孩子们看到中国之外更大的世界，增加孩子的阅历和经验，让他们的眼界、思维都变得开阔，帮助他们更加全面地看待事物和问题。

当然，这些做法也引起了一些家长的担忧，他们担心这样会让孩子无心学习，影响学习成绩。实际上，孩子们不但没耽误学习，考试成绩还都很好。更重要的是，孩子们的心态都非常乐观、积极、阳光。孩子们的心理素质强了，抗挫折能力就强，遇到困难也会更有胆识、更有胸襟地去面对，在未来的人生中也可以做到豁达乐观、勇往直前。以上这些，如果条件允许，家长可以带着孩子一起去做。

不要执着于第一名

第一名的孩子可能在某些方面很优秀，比如学习效率高、做题速度快、考试能拿到高分，但是，过于执着于第一名会让孩子失去太多的时间、机会以及学习本身的乐趣。在我看来，孩子要获得好成绩只是个技术问题，只要找到提分方法，考试拿高分就是"雕虫小技"。然而，一个孩子的文化沉淀、综合素养、眼界格局，是需要日积月累的，并且当孩子的这些素养提升后，成绩提升也会成为一件水到渠成的事。

在明德学校时，我们和美国纽约爱文世界学校的孩子们结对学习，一起做个性化智能手机。我们的孩子从没有做过智能手机，就算老师也做不出来。换句话说，我们几乎是在美国老师、美国学生手把手的指导下学会了制作手机。

从这个意义上说，分数在当下固然有点作用，最大的作用是敲门砖，但应该以不损害孩子的长远利益为基本条件，否则就得不偿失了。

面对未来的孩子，要有强大的跨文化能力，能够在不同文化空间、不同思维方式中自由穿梭，既能走得出去，也能走得回来。所以，我经常跟家长说，如果把孩子追求第一名的时间抽出一部分来，带孩子去看看外面的世界，让广阔的世界成为孩子的课堂，那么或许孩子会因为没有把时间完全放在做题上而丢了几分，但孩子的阅历却留存在了内心，孩子的思维和视野也得到了开阔。这样的孩子，未来才可能具备适应社会的能力。

激发和培养孩子的想象力和创造力

现在的学术界有这样两派，一派认为想象力和创造力是天赋，不是培养出来的；另一派则认为想象力和创造力是可以培养出来的。对于这两种说法，我更倾向于后者。

我曾经去以色列考察，对那里孩子的想象力和创造力培养有了新的认识。以色列的小学让我印象非常深刻的一个地方，就是他们的每间教室后面都有一个很大的沙坑。我听完课后，就顺着孩子们玩耍的路线走到沙坑旁，看看他们在干什么。

我发现孩子们在沙坑中做了很多有关想象力和创造力的事情，比如为仓鼠搭建宫殿，还在宫殿前面给仓鼠架设桥梁、设置障碍，再帮它们克服困难，回到宫殿。

我们知道，以色列人的创造力很强，科技发展水平也很高，虽然这个国家的人口较少，但诺贝尔奖获得者中犹太人的比例却是全世界最高的。之后我又去了以色列的中学、大学和研究机构探访，他们的最高科研机构魏茨曼科学研究所竟然有两栋楼是专门给孩子们上课用的，而且研究所还有一条不成文的规定：只要孩子们有需要，任何一位科学家都要马上放下手中的工作，去和孩子们聊天、给孩子们上课。

反观我们的教育，不管是学校还是家庭，对孩子关注更多的往往是学科成绩，却忽略了孩子"大脑底层的东西"——想象力、创造力、思维力的培养，而这些能力才是打开孩子的眼界与格局的必备条件。哪怕未来孩子成为一个普通人，从事最普通的工作，按部就班、墨守成规也无法解决他们所面对的新问题，仍然需要打开眼界和格局，从更宽的角度和更高的维度去看待问题、解决问题。

总而言之，孩子的学习成绩固然重要，但从长远发展来看，孩子为人处世的方法与态度、良好的修养素质、正确的三观才是他们未来走得更远的关键所在。如果家长的眼界足够宽广，能够发掘孩子更多的可能性，那么孩子的格局自然会越来越宽，长远来看，孩子也会有更好的发展。

第三章

唤醒内驱力：让孩子感受到自我价值

詹大年

> 作为教育的一种方式,批评也应该建立在保护孩子、激励孩子和信任孩子的基础之上,这样才能让孩子感知到自己是有价值的,继而对自己有信心,懂得维护自己的名誉,自动自发地向好的方向发展。

批评是叫孩子"抬头"，而不是"低头"

昆明丑小鸭中学校长

詹大年

在教育孩子的过程中，批评是一种再常见不过的教育手段了。一旦孩子表现不好，或者没有如家长所愿，家长的第一反应可能就是批评孩子。从一定程度上来说，批评孩子确实是最简单、最直接的教育方式，可以帮助孩子明确行为的界限。但是，很多家长由此也产生了一个疑问：怎么批评才能既不打击孩子的自信、挫伤孩子的自尊，又能起到教育的作用呢？

在现实中，我经常会发现家长通过责骂、讽刺、否定、挖苦等方式批评孩子，并且总是习惯于通过让孩子感到羞愧、丢脸、难堪来认识到自己的问题。但是事实证明，这种方式往往收效甚微，不但达不到教育的目的，还容易让孩子产生抗拒、叛逆的心理，甚至故意不做出改变，跟家长对着干。我们经常能在新闻中看到一些孩子因为被家长批评而动手反抗、离家出走,甚至跳楼轻生,其根源就是那些批评缺少方法和分寸,破坏了孩子的自尊。要知道,来自家长的打击、否定、人格攻击,会让孩子产生深深的自卑心理,甚至怀疑自我价值和自我存在的意义。

苏联教育家苏霍姆林斯基说:"儿童的尊严是人类心灵里最敏感的角落,保护儿童的自尊心就是保护儿童的潜在力量。"教育应该是激发每个孩子生命里固有的东西,给予每个孩子生命里所需要的东西。对孩子来说,得到保护就有善意,得到激励就有动力,得到信任就有自信。作为教育的一种方式,批评也应该建立在保护孩子、激励孩子和信任孩子的基础之上,这样才能让孩子感知到自己是有价值的,继而对自己有信心,懂得维护自己的名誉,自动自发地向好的方向发展。用我的话总结一下:批评的目的是激励,不是打击;是唤醒,不是压抑。批评应该是让孩子"抬头",而不是"低头",要唤醒孩子内在的自省能力,通过自身的思考认识到自己的错误。

我们学校原来初二年级有个男孩,经常偷偷躲在厕所里抽烟。有一天,我在厕所里碰到他,他还跟我打招呼。我就叫住他,问他:"我听说你在厕所里抽烟了?"他看看我,没吭声。我又说:"你在厕所里抽烟是对的。"

听我这么说,这孩子望着我,一脸疑惑。

我说："你看，你知道在学校里抽烟是不对的，才躲在一个不容易被人发现也不影响别人的地方抽烟。不过，在厕所里抽烟你会感到很压抑，而且这里空气不好，你又有负罪感，这些对你都不好。"

"谢谢校长，我知道了，我不会再抽了。"

"还要不要抽，你自己选择，但我真不想别人因为你抽烟而误会你。"

这孩子挠挠头，笑着跑了。

这件事之后，我就没再看到这个孩子在厕所抽烟了。

我讲这件小事是想说，在批评孩子之前，我们一定要弄清楚自己为什么要批评孩子。我认为，纠正错误、建立关系、传递善良、发泄情绪等，都可以是批评的目的，但关键在于我们的批评要让孩子真正有所触动才行。

学会思考和学会尊重

◎ 以纠正错误为目的的批评，并不是要让孩子认错，而是让孩子学会思考；也不是让孩子认输，而是让孩子学会尊重。

在多数人的理解中，批评好像是一件很不好的事情，是以指责、训斥等方式进行的，其实，批评完全可以用沟通的方式进行。任何事情都没有绝对的对与错，哪怕孩子的某些行为确实不恰当，我们在教育孩子时，也完全可以以一种"什么也没发生"的姿态听孩子叙述事情的经过，以及孩子对事情的看法。之后，我们再帮助孩子分析"对"与"错"的原因，然后一起制订解决问题的方案。

这里有个关键点，就是我们要善于对孩子使用描述性批评，而不是评价性批评，要对孩子的错误加以描述，就事论事，保持态度中立，不谴责、不侮辱。简而言之，我们要坚定地与孩子站在一起，把过错放在对立面；我们要孤立的是错误，不是孩子。批评要表达的是善意，不是唠叨，更不是变本加厉。这样，孩子才更容易重新认识自己、反省自己，并且主动改正错误。

帮助孩子构建自我关系

◎ **以建立关系为目的的批评不是和孩子分出胜负，而是要帮助孩子构建自我关系，融洽师生或亲子关系。**

如果你在批评孩子时，不能与孩子建立融洽的关系，那批评就是无效的。一旦孩子被你批评后，感觉自己的生命毫无价值，他的人格可能就会解体。这并不是因为孩子太脆弱，而是因为被不合适的批评伤害到了。虽然是批评,我们也必须让孩子看到希望,因为人人都活在希望当中。

有一次,我们学校的两个学生打架,碰巧那天我有朋友到访,朋友很紧张,问我:"两个学生在打架,你作为校长怎么不处理?"我说:"不着急,还没打完。"过了一会儿,学生打完了,朋友又问我:"学生打完了,现在你怎么处理?"我说:"都已经打完了,更不用着急了。"

实际上,我并没有完全不理会这件事,而是在事后找来这两个打架的孩子,耐心地向他们了解缘由,通过对话来解决他们之间的矛盾,两个孩子很快就都认识到自己的错误,握手言和了。

很多人都问过我:"你是怎么改变学生的?"我从来没想过这个问题。我认为,作为一名教育者,我们的目的不是改变孩子,而是要帮助孩子发展自己的个性和天赋,因为一个人本就不是为了改变而生的,他本来是这样,就应该按他的样子成长和发展。如果教育一定要把人改变成教育想要的样子,这是教育的错。面对成长中的孩子,我们要教他认识到自己的短处,也要让他看到自己的长处,这样才算是最大限度地尊重孩子的个性,守护孩子自然成长。教育,就是给生命一条路,让孩子建构自己的学习、知识、关系和价值。

让孩子看到自己的价值

◎ 以传递善良为目的的批评可以让孩子感受到和谐，学会善良，而蛮横的批评只会让孩子学会蛮横。

有些错误，孩子可能一辈子都改不了，但我们批评孩子的态度却可能会影响孩子一生。批评的过程本身就是最好的教育，一个犯错的孩子，如果在他最需要尊重的时候获得了尊重，他会终生铭记。

我曾经教过一个男生，他爸爸把他送到我们学校时，他才13岁。当时他的家庭出现了些状况，他在原来的学校里不服从老师管理，他爸爸没办法，就把他送到我们学校了。

刚进学校时，他排斥进教室。我就问他："那你喜欢干什么？"他说："我想写字。"我就给他找来桌子、纸笔，让他坐在办公室里安安稳稳地写。这让他突然觉得，我并不是那种凶巴巴的校长，跟他强调组织纪律，逼他做他不喜欢的事。

慢慢地，他开始信任我，也愿意跟我分享一些内心的想法。在准备中考时，他的模拟考试成绩只有300多分，我问他："你想不想上高中？"他说："我想，但我还差200多分，根本考不上。"我说："没关系，我来帮你算算，看哪些可以补一补，你能拿上分。"算下来后，我跟他说："你考500分没有问题！"

果真，他中考考了 501 分，如愿考上了高中。再后来，他考上了南京一所很好的大学，现在已经参加工作了。

其实，一个孩子不管多么调皮，犯了多大的错误，他的本质仍然是向好的。而我们对他的批评或教育，也一定要传递出一种善良与尊重，让他看到自己的价值。

在我们学校教室的墙上，还有孩子们的笔记本上，我都会写上这样一句话："任何时候，校长都会帮助你。"我就是想通过这种方式告诉孩子，不管他们遇到什么问题或者犯了什么错误，我都愿意给予他们帮助，而不是批评与惩罚。这是教育的智慧，也是教育的起点。

不要以"为你好"为借口

◎ 以发泄情绪为目的的批评只会火上浇油，让"批评"打着"为你好"的旗号，变成"加害"孩子的利器，成为悲剧的导火索。

想有效地帮助孩子改正错误，我们就不要在彼此都有情绪时批评孩子，而是要先处理好自己的情绪，再处理孩子的情绪，之后再跟孩子一起面对他的错误。所以，我经常说，批评孩子要注意"五不责"：饮食不责，疾病不责，烦躁不责，悔改不责,初犯不责。即使在批评孩子时,也要给予孩子一定的自由与空间,允许并鼓励孩子为自己辩解,给孩子"回嘴"的权利。只有这样,我们才能觉察到孩子的痛点和泪点,才能更准确地引导孩子反思自己。

教育就是要先读懂孩子,读懂孩子的生命状态,读懂孩子的真实需求,才能对症下药,帮助孩子不断地反思自己,感受自己的价值。在这个过程中,我们要允许孩子"屡教不改",因为孩子价值观的自我建构并不是靠成人灌输的,"屡教不改"才是他们正常的认知过程。好的批评,双方都是赢家,而不是一方得意扬扬,另一方垂头丧气,那是不会有好结果的。

刘长铭

> 好的教育首先应该符合孩子的天性,符合孩子成长和发展的规律。
> 在保护好孩子这些与生俱来的能力的基础之上,再去培养孩子的其他能力和素养,而不是本末倒置。

孩子天生爱学习

北京四中前校长
北京金融街润泽学校总校长

刘长铭

我们经常能从纪录片中看到，一些食草类动物出生后几分钟内就能站起来，并且还要在很短的时间内学会奔跑，否则就可能成为食肉动物的口中餐。在这最初的几分钟内，它们的身体究竟发生了什么变化，我们不得而知，但可以肯定的是，从颤颤巍巍地站起来到快速奔跑，它们的体内一定发生了巨变。能够自己站起来，就是成长。

摔倒了，自己站起来，这是动物的一种本能，人也不例外。然而在现实生活中，面对孩子的成长，成人却习惯于过度参与和给予帮助：孩子摔倒了，大人连忙跑过去把他扶起来；孩子要玩泥巴，大人觉得脏，拉着孩子就走开；孩子想做家务，大人觉得会影响孩子学习，而不愿意让孩子动手……这一切，都导致孩子正在逐渐失去他们与生俱来的本能。

我相信这样的科学逻辑：由于生物个体的存在是种群延续的前提，所以在漫长的进化过程中，如果某种能力对于种群的延续至关重要，那么这种能力一定会通过遗传在种群中得以保存。就像孩子摔倒后能自己站起来，说明孩子天生具有一定的自主性和自理能力，这是由遗传基因决定的。但是成年人的行为却阻碍了孩子这种能力的发展，在孩子丧失这些能力后，又想在后续教育中重新培养他们的这些能力，然而很多时候后续的教育与培养收效甚微。孩子丧失独立性，说明我们的教育尤其是家庭教育出了问题。

所以，我在跟家长们交流时经常强调，适合孩子的教育，就是好的教育。好的教育首先应该符合孩子的天性，符合孩子成长和发展的规律。在保护好孩子这些与生俱来的能力的基础之上，再去培养孩子的其他能力和素养，而不是本末倒置。

那么，我们的孩子都有哪些与生俱来的能力呢？我对此经过了较长时间的观察与思考，在这里跟大家分享一下。

孩子天生爱学习，也会学习

我的一位同事给我看过一个实验研究的视频。在视频中，实验者把一个钟表递给一个小婴儿，让小婴儿拿着看，并聆听钟表的嘀嗒声。过了一会儿，实验者把钟表换成一张钟表的画，结果发现，小婴儿拿起这张画就贴在耳边聆听。显然，小婴儿已经通过学习建立起了这个形状的东西（钟表）与嘀嗒声之间的联系。这就是孩子的一种天生的学习能力。

很多家长可能会困惑：既然孩子天生爱学习，那为什么他们后来不爱学习了呢？原因就是我们的教育破坏了孩子的学习天性。孩子学习的原始动力来自好奇或兴趣，而非功利性目的。一位家长曾跟我聊起孩子学钢琴的经历。孩子想学钢琴，家长就给她报了钢琴班，但孩子上了几次课后就不想学了，因为老师教的都是考级课程，孩子觉得没意思。后来，家长跟老师商量说，我们的孩子将来不考级，就是为了感受一下钢琴的艺术美，能不能不教考级课程？老师重新换了教材，改变了教学方法，孩子又重新有了学习兴趣。

孩子原本是有学习乐趣的，只因为我们成年人过于急功近利，才破坏了孩子的这种兴趣，让孩子产生了厌学情绪。所以，如果我们顺应孩子的学习天性，他们怎么会不愿意学习呢？

孩子天生喜欢体力劳动

小孩子不认为体力劳动是件辛苦的事，相反，他们很喜欢体力劳动，因为孩子认为劳动就是玩耍。孩子成长本身就有通过肢体活动来促进其神经发育的生理需求，这也是本能使然。如果孩子不爱劳动，甚至厌恶劳动，那一定是受了成年人的不良影响，是成年人扭曲了孩子的价值观。

在我们学校，小学生居家学习期间都学会了做饭，我逐一观看了孩子们做饭的视频，看得出来他们在做饭时都特别快乐，特别高兴，因为他们认为这是在玩：他们一样样准备食材，清洗干净，再用自己的方法把这些食材做成饭菜，非常有成就感。

对此，有很多家长不理解：孩子不应该好好学习吗？你让孩子做饭，这多浪费时间呀！

其实，这就是学习，掌握了生活技能，就是进步，就是成长。我常跟家长说，从小爱劳动、爱做家务、会做家务的孩子，将来上中学后动手能力会很强，理化生实验就会做得更好。很多家长听了我的话，开始重视让孩子做家务的问题。

在漫长的生物进化过程中，体力劳动是人类生存下来的必备能力，好逸恶劳是生物进化和发展的障碍。在我们学校，家政课和外出实践活动总是孩子们特别喜欢的，他们把自己做的饼干、蛋糕、比萨等带回家，跟爸爸妈妈分享，特别有成就感和自豪感；外出实践活动时，他们自己刨花生、挖红薯、拔萝卜，享受自己的劳动果实。这个过程不但锻炼了身体，还让孩子们体会到了劳动的快乐。

孩子天生爱交往，喜欢交朋友

人的社会性和社会能力也是与生俱来的，人凭借着良好的交往能力进化到食物链的顶端，喜欢交往和善于交往也是人的一种本能。但有时候因为不当的教育的影响，孩子的社会性发展受到了影响，有些孩子变得不会交往了。这样的孩子在成长过程中会缺少很多快乐。

我有一天在校园里看到几个小孩子蹲在地上，小脑袋聚在一起，不知道在捣鼓什么。我就好奇地走过去看，原来他们捡来了一些树叶放在地上，正用小石头砸树叶玩。孩子们在玩的时候自然形成了分工，有的负责捡树叶，有的负责捡石头，配合十分默契，乐此不疲。

我们成年人可能无法理解其中的快乐，因为我们常常认为，孩子的这些行为都是无意义的，是在浪费时间。这些玩耍能让孩子学到什么知识？其实今天，我们很多成年人不理解的是，孩子从这种"无目的""无组织"（确切地说是"自组织"）的游戏活动中能够享受到许多快乐，他们的人格意识、角色意识和社会能力都能得到很好的发展。这就是成长，这就是教育的目的。我们成年人的社会能力就是在孩童时代在这样的玩耍过程中培养起来的。今天，有不少家长还习惯于把孩子关在家里，让孩子学算术、学美术、背诗歌，认为这样才能开发孩子的智力，让孩子的技能得到提升。殊不知，人类的智力首先要通过社会交往获得发展，而恰恰是那些"无用"的活动，帮助孩子很好地发展了社会能力，孩子的智力水平也得到相应的提升。

孩子天生具有好奇心，具有探究的欲望

孩子天生对周围的一切都充满好奇，并且会带着强烈的好奇心去探究，遗憾的是，不少孩子天生的好奇心被大人有意无意地泯灭了。比如，小孩子都爱拆东西，这就是一种好奇的天性使然，而非有意破坏，但大人经常认为孩子是在故意搞破坏，为此还训斥孩子，甚至施以暴力，慢慢地孩子探究的欲望就消失了。长大后，孩子也变得对什么都提不起兴趣，包括学习。这是很可惜的。

很多家长都希望孩子能遵照自己的"经验"成长和发展，比如好好学习，以后考个好大学，找份像样的工作，将来再去

发展兴趣也不迟。其实这是个误区。任何兴趣的产生都是大脑发育的结果，学习也是。如果孩子最初的兴趣与考学课程背道而驰，我也不建议你用强迫的方式要求孩子放弃兴趣。今天孩子有了这样的兴趣，如果我们抑制它的发展，以后可能就不会再有这样的兴趣了。因此，只要孩子的兴趣是正常的、健康的，就应该顺应孩子的天性，鼓励孩子自主发展。道理很简单，考学是人生中一个阶段要做的事，兴趣却是陪伴孩子整个人生的事，没有兴趣的人生是索然无味的。当学历、证书成为许多人都有的东西后，兴趣和特长就会成为一个人未来立足社会的主要价值点。

既然孩子天生就有许多能力，家长是不是不需要再对孩子进行教育和培养了呢？

恰恰相反！不管在任何时候，家庭对孩子的教育都有着不可推卸的责任。我经常和家长讨论一个问题：那么多孩子进入同一所学校，在同一个班学习，接收同样的课程，参加同样的活动，为什么他们在10年、20年、30年后的发展会迥然不同？

这恐怕就要从孩子所在的家庭找原因了。作为家长，我们有责任呵护孩子的天性，发展他们基于遗传自带的各种能力，有责任为他们打开更广阔的视野，看到更广阔的世界，也有责任保护他们强烈的好奇心和探索欲望,更有责任引导孩子,帮他们建立正确的人生观、价值观和积极乐观的人生态度,让他们对未来充满信心。就像哲学家萨瓦特尔所说的:"丰满的人性,向来都不是由简单的生物学基因编程决定的;……我们是为成为人类而生的。生物学上的人类定义之后,还需要加以确认——靠自身努力和他人相处的关系来赢得第二次诞生,并以此确认第一次生命的意义。"

人是会主动追求成长、追求幸福的动物,在顺应天性和保护人的本能的基础上促进孩子的发展,这就是遵循人的成长规律,也是"好的教育"的基本特征和前提。但同时,家长还要细心地去发现"势",精心地去"导",在人生的马拉松长跑中,帮助孩子实现如何在跑完1万米、2万米后仍然不掉队,在10年、20年后如何适应快速发展和变化的社会。这不是要看孩子当年上了什么学校,或者在学校考了多少个高分,而是要看孩子有没有终身学习的热情和必要的学习能力。要知道,在未来一个许多人都拥有文凭或证书的社会里,让你已经长大的孩子仍然具有存在的价值才是最关键的,也是我们教育孩子最大的意义。

朱建民

> 在教育和培养孩子过程中，我们要先解决孩子的学习动力问题、方向问题，帮助孩子建立强大的学习根基和学习能力，才能培养起孩子的学习力。让孩子靠大量刷题，搞题海战术去学习，是很难有动力的。

成长比成功更重要，成人比成绩更重要

北京市第三十五中学前校长
北京大兴熙诚学校创校校长

朱建民

在从事教育工作的近 30 年时间里，我见过各种各样的孩子，也跟各种各样的家长打过交道。近些年，随着教育内卷情况越来越严重，家长和孩子都变得十分焦虑。尤其是家长，生怕自己的孩子输在起跑线上，为此不惜花费大量的人力、财力为孩子补课，创造各种学习机会，甚至逼着孩子去学习、考高分、升名校。

家长的心情是可以理解的，但我认为，这样的教育太过功利了。当然，这也与我们的大环境有一定的关系。自古以来，中国人就有这样一种观念：劳心者治人，劳力者治于人。孩子不好好读书，不能成才，未来就要受制于人，这也是当前我们的职业教育不受人重视的一个重要原因。一些家长认为，只有好好学习，将来才有可能改变命运，甚至挣大钱、当大官，不轻易受制于人。在这种传统观念的影响下，原本天赋、个性、兴趣、爱好不同的孩子，经过小学、中学、大学的教育后，几乎都变成了一样的孩子，磨灭了个性，也磨灭了很多天赋，甚至磨灭了学习的动力和方向，不知道自己为什么学习，也没有自己的目标和方向，似乎一切都只为了一个分数。这是一件非常可惜的事，这样的教育更与好的教育相距甚远。

在我看来，好的教育应该是真正以孩子的成长与成人为出发点。不论在任何时候，孩子的成长比成功更重要，成人比成绩更重要。作为教育者，我们要学会动态地看待孩子的成长，而不是用孩子眼前的成绩和分数来论英雄、论成败，因为一个孩子的学习能力、成长动力要比他所掌握的知识数量更重要。成功是有条件的，不是所有人都能成功，何况一个十几岁的孩子，所以孩子暂时不成功也没关系。但是，孩子不能不成长。如果孩子能够健康地成长，能够建立正确的人生观、世界观和价值观，能够做好一个人应该做的事，哪怕他现在不成功也只是暂时的；可要是做不好人，即使现在表现得很优秀、很成功，我相信这也只是昙花一现。

在很多人眼里，培养了大批人才的北京三十五中是一所当之无愧的好学校。那么，好学校都给了孩子怎样的教育呢？在三十五中担任校长12年，我认为三十五中的教育主要教会了孩子两件事：向上和向善。

向上，就是让孩子始终具有积极向上的精神状态，知道自己为什么学习，知道自己学习的目标是什么，并且能够为实现目标而不畏困难、永不言弃；向善，就是教育孩子要一辈子做个好人。我始终认为，教育的真谛应该是生命、生活、生长，使人认知生命的价值，增长生存、生活的能力，培养生活的信仰，实现人生的幸福。

对孩子来说，家庭教育也是不可或缺的一个重要环节，也应该起到同样的作用和功效，把孩子的成长和成人放在教育的首位。要让孩子建立自己的成长目标，有自己的学习动机和发展方向，否则，就算你每天推着孩子学习、逼着孩子学习，也不见得有效果。孩子的学习动力从来都不是逼出来的，也不是补课补出来的，而是被激发出来的。如果我们能从育人的角度去培养孩子，激发出孩子的学习内驱力，让孩子建立学习目标和方向，那么不需要对他提要求，他就主动去学习了。也就是说，在教育和培养孩子过程中，我们要先解决孩子的学习动力问题、方向问题，帮助孩子建立强大的学习根基和学习能力，才能培养起孩子的学习力。让孩子靠大量刷题，搞题海战术去学习，是很难有动力的。

当然，要让孩子对自己的成长建立目标和方向，激发出孩子的学习内驱力，也要讲究方式方法。在多年的教育工作中，我也总结了一些经验。

真正读懂孩子的个性和兴趣

俗话说，可怜天下父母心。父母都是望子成龙、望女成凤的，这种心情无可厚非。但是，我想提醒家长朋友，在教育孩子的过程中，一定要真正了解你的孩子，看看你的孩子是否能够朝着你所期望的方向发展，或者说是否有这方面的天赋和兴趣。如果如你所愿，那你可以放心大胆地在这个方向上培养他；否则，不要逼迫孩子，而是要尊重孩子的个性和兴趣。中国有那么多的行业、那么多的选择，孩子只要有兴趣在某个行业内深耕，都可以取得很好的成绩，过上不错的生活。

三十五中的六年一贯制项目班，走的就是一条不通过考试、不通过大量题海战术来培养人才的道路。班里的孩子都不补课，我们也不要求他们考试必须考第几名、考多少分，而是鼓励他们尽情地按照自己的兴趣和爱好来学习和成长，让他们自己去寻找和确定"我对哪个行业感兴趣"。比如，有的孩子喜欢生物，有的喜欢科技，有的喜欢研究太空……那我们就为他们提供相关的学习机会，鼓励他们在自己喜欢的领域和科目上去深耕。我把这种培养方式称为发现与唤醒。

也就是说，我们要善于观察和发现孩子的潜能、兴趣，然后去唤醒孩子的学习内驱力，让孩子为追求和实现自己的目标而主动学习。"我让你学"与"我自己想学"，孩子的学习效果是截然不同的。

拓展孩子的视野，激发孩子的内在潜力

我认为，一个人的视野决定了他的胸怀，一个人的胸怀决定了他的思想高度，一个人的思想高度决定了他的格局，而一个人的格局也将决定他这辈子能做多大的事。所以，在培养和教育孩子的过程中，我们要善于寻找和创造各种机会来拓展孩子的视野，激发孩子的内在潜力，而不是让孩子的眼睛里只有分数、名次、名校这些东西。

三十五中每学期都会拿出一周左右的时间带着学生离开学校，参加各种修学旅行，或者去攀登中国的名山大川，或者去各种科考基地进行考察，让孩子们在行走与实践中开阔眼界、思考与成长。比如在 2019 年，我们的六年一贯制项目班就爬上了云南的哈巴雪山。

哈巴雪山最高峰的海拔高度是 5396 米，一般来说，海拔 5000 米就是人的一个生死界限了，爬到 5000 米以上，每走一

步都会非常艰难。我们这个项目班的孩子为了能够征服哈巴雪山，早在半年前就开始进行体能强化训练，不但每天要跑5公里，还利用周末时间去爬香山锻炼，每次进行四个半来回。2019年6月，这些孩子开始爬哈巴雪山，当时他们的营地是在海拔5100米的地方，到达营地后，还有海拔200多米才能到山顶，他们从凌晨3：00开始向顶峰冲刺，经过近10个小时，到中午1：00，终于爬上了哈巴雪山的顶峰，过程真的非常艰难！当时他们还碰到了登山运动员，这些运动员以为他们是大学生登山队，还友好地问他们是哪所大学的。当得知他们是三十五中六年一贯制的学生时，简直惊呆了！

在很多人看来，这可能是一种疯狂的行为，但对我们的孩子来说，这却是一个非常好的挑战自我、战胜自我，同时开阔视野的过程。孩子们回来后纷纷说，我们连5396米的哈巴雪山都征服了，高考对我们来说算什么！

孩子们见识得多了、尝试得多了，视野慢慢打开，也就有了面对学习和人生更加正确的态度和更大的格局。

把个人理想与国家、民族的振兴结合起来

我一直都认为，我们的教育不能只围绕考试画圈，更不能

让孩子只会学习、考试、拿高分，做精致的利己主义者，而是要思考未来二三十年中国需要什么样的人，世界需要什么样的人。所以，作为教育者，我们有责任也有义务让孩子明白，他的人生不光是为自己，未来还要能够代表中国与世界对话，与世界合作。我们要把孩子的家国情怀培养起来，让孩子将来能够把个人的理想与民族的振兴、国家的发展结合在一起。这样，孩子才会更有学习和奋斗的动力。否则，如果仅仅是为自己学习，为个人奋斗，孩子的学习动力是不足的，一旦遇到点儿困难、挫折，他可能就会退缩、会放弃。

三十五中每半年会送一批孩子到国外游学，其中有个孩子在国外时，发现他所在的学校挂的地图上，把我国的台湾省标注成了一个独立的国家，把台北用一个首都的符号标注。他马上找到学校的校长进行交涉，说这涉及中国的主权问题，你们把台湾这个中国领土不可分割的一部分从中国分离出去，是非常错误的。校长得知这件事后，很快就把这个问题提交到理事会，最终把地图改了过来。后来这个校长说，这么多年，他们学校的学生几乎都不问政治，觉得那些都是跟自己无关的事，没想到我们这个孩子提出了这个问题，让她很感动。我在听说这件事后也很感动，后来把我们学校的首届"校长奖"颁发给了这个孩子。当时我还问他为什么这么做，他说："因为在那里，我代表的就是中国。"

当孩子具备了这样的情怀和胸怀时，他怎么能没有学习和成长的动力呢？

所以，在教育的道路上，我们在让孩子一生向善、一辈子做个好人的基础上，还要培养孩子积极上进的精神状态，引导孩子成为一个志存高远、具有中国情怀的世界人，具有世界胸怀的中国人，成为对家庭、对国家、对社会有用的人。

心理学家埃里克·埃里克森有一个观点：人的自我意识发展持续一生，而自我意识的形成与发展需要经历八个阶段，每个阶段能否顺利度过，都由个体经历的事件、所处的环境决定。我认为，家庭环境与学校环境一样，都会深刻地影响孩子的学习动力、目标形成以及自我意识的形成与发展。"染于苍则苍，染于黄则黄，所入者变，其色亦变。"(《墨子·所染》)家庭和学校对孩子来说，都相当于一个成长的"染缸"。希望我们都能为孩子营造一个好的"染缸"，给予孩子真正有益于成长、有益于成人的教育。

李镇西

> 教育要尊重孩子的天性、尊严、个性、精神世界、发展潜力，也要尊重孩子未来的无限可能性。

尊重孩子未来的无限可能性

四川成都武侯实验中学前校长

李镇西

在教育教学过程中,我发现很多家长、老师对孩子的唯一要求就是学习好。尤其是家长,认为孩子只有学习好才算优秀,将来才有出息。

这种观念失之偏颇,也缺乏对孩子平和的期望和尊重。家长希望孩子优秀、学习好,无可厚非,但并不代表学习不好的孩子就没有前途可言。要知道,一个孩子无论成绩好坏、表现如何,他的未来都是有无数种可能的。

当然,这不是说我们就不需要孩子变得优秀了,而是说我们要找准优秀的标准。如果一个有能力成为科学家的人,最终只是成了一位普通劳动者,那是一种损失;但如果你不考虑孩子的个性发展,非要强求孩子成为科学家,那对孩子来说就是一种折磨。

我相信，很多家长自己在小学、中学阶段都有过这样的经历：老师讲的课一点都听不懂，每节课都像是在听"天书"，每天内心都十分煎熬，甚至产生过退学的想法。

同样，我们的孩子也会有这样的感觉。这时候，如果能遇到理解自己的老师或家长，孩子可能会好过一些；如果老师和家长不理解，那孩子每天的日子一定都会过得"刻骨铭心"。

不过，这并不意味着这些孩子就真的"无药可救"。我以前曾经提过，对一所学校来说，"后进生"是最好的科研。虽然他们身上可能会有这样那样的问题，经常令家长和老师头大，学习成绩也不好，可他们有自己的优点，也有自己做人的尊严，同样有成为自己的权利。

我们学校以前有个孩子，成绩很差，上课听不懂，很痛苦，但我通过了解后发现，他非常喜欢读武侠小说。我就从家里找来一些小说给他，告诉他，如果上课实在听不懂，那就抄写小说吧。但我有个要求，必须把字写得工工整整才行，不认识的字要去查字典，每天我都要检查。

后来，我们的任课老师给我提意见，说你让他每天上课抄写小说，不好好听课，他以后还怎么考高中？我就反问他们，难道不让他抄写小说，你就能让他考上高中吗？说到这儿老师就明白了。

在我看来，让学习不好的孩子抄写小说并不是让他们消磨时间，而是有很多好处的。比如，他不会再因为听不懂课而痛苦，内心也不再那么煎熬；看小说、抄写小说是他的爱好，这个过程会让他很享受，还有可能培养起阅读的兴趣；在抄写小说的过程中，他还练习了书法，磨炼了耐心，甚至能从书中学到一些其他知识。如果他能从中找到学习的乐趣，或者激发起学习的动力，不是更好吗？这些对孩子来说都是利大于弊的。

这就是思想教育的重要性，对每个孩子进行因材施教，而不是为了分数把所有孩子都"抹平"。

我们必须认识到，每个孩子都有自己的局限性，不可能所有孩子都学习好，就像有人精通水电却不懂绘画，有人精通软件编程却不懂维修自行车一样。你能说不懂绘画的人、不会维修自行车的人就是失败的人，就没有权利展现自己的长处、活出自己的精彩吗？显然不能。

教育家苏霍姆林斯基曾提出，人是教育的最高价值。这里的"人"特指孩子，我们教育的对象也是孩子。所以，这句话也可以表述为"孩子是教育的最高价值"。如果我们承认这个观点，那就意味着，教育要尊重孩子的天性、尊严、个性、精神世界、发展潜力，也要尊重孩子未来的无限可能性。这一切都特别指向孩子的幸福，而教育说到底也是要给人幸福。所以，在教育和培养孩子过程中，"人"的价值高于一切，而不是"才"的价值高于一切。有了杰出的人，自然就会有源源不断的人才。

所以，即使孩子学习不优秀，我们也可以发现他们的长处和优势，并遵照这些优势有针对性地进行培养，让他们尽情地发挥和发展自己的优势，展示自我价值，活出自己的精彩。

根据我的经验和体会，以及我们实施的"后进生"转化方案，我认为在培养这类孩子时一定要讲究策略和方法。

一定要相信孩子有无限可能性

以前，我在课堂上也经常批评学生，有时甚至不注意言辞，或者因为主观偏见冤枉了一些所谓的"后进生"，给孩子们带来了很大的伤害。为此，我也经常陷入深深的自责和彷徨，不知道该怎么教育好这些孩子。

终于有一天，一本书帮我解开了困惑，这本书就是苏霍姆林斯基的《要相信孩子》。其中有一句话，让我至今记忆犹新："教育工作者应该成为一个精心的播种者和耕耘者，应该去扶正那些正在成长中的幼苗脆弱的细根，去爱护每一片急需阳光的绿叶。如果我们能让儿童的各种优点像幼苗分蘖似的迅速分枝，那么，他们身上的缺点就会自然而然地被连根除掉。"

读到这句话时，我简直有一种醍醐灌顶的感觉，同时也第一次意识到，我们还可以从人性的角度来审视对孩子的教育问题。其实，对任何一个孩子来说，不论他的成绩多么糟糕，他都一定是愿意向好的。哪怕他可能看起来吊儿郎当，做什么都满不在乎，甚至是一副自暴自弃的样子，他的内心深处也一定是希望自己能够变好，能够做个好人的。如果我们对孩子没有这一点基本的信任，后面也就谈不上什么转化了。

我在读朱永新老师的《教育：创造无限可能》一书时，对序言中的一段话印象十分深刻，他这样写道："我一直认为，人的潜力是巨大的，每个人来到这个世界上的时候，都被赋予了成功的潜能和无限发展的可能，每个人都应该而且可能做到最优秀、最卓越。这就是古人经常说的'人皆可成尧舜'。世无弃人，只有自弃之人；世无完人，每个人都应该努力接近完美。所以，教育最重要的事情就是要相信孩子与学生，相信他们每一个人都能够书写自己的精彩，也就是发现孩子与学生，发现他们的潜能与个性，让他们真正成为更好的自己。"

我对这段话深以为然。教育的奇迹，往往就诞生于教育者"无限相信"的信念与努力之中。正如苏霍姆林斯基说的那样："人只有靠人的建树。"不论是家长还是老师，除了爱心和专业素养，最重要的就是教育的信念，它的核心就是对人的潜力的无限相信。所以，不管在任何时候，我们都应该把"相信孩子"当成最重要的教育信条。

引导孩子发现自己身上的闪光点

很多学习不好的孩子都有一定的自卑心理，不够自信，我们要想转变他，就要想方设法地唤起他的信心，让他觉得自己能够成为更好的自己，能够成为一个优秀的甚至是卓越的人。

要唤醒孩子的信心，首先要帮助孩子发现自己的优点，只有意识到自己是有优点的，甚至有其他人没有的优点，孩子才有可能树立自信。

我在跟一些"后进生"谈话时，通常会很自然地问他们："能跟我说说，你有什么优点吗？"很遗憾，几乎所有被我问到的孩子都是这样的表现——先是一愣，满脸茫然，好像在说："我哪里有什么优点？"接着是低下头默默地想一会儿，好像在努力寻找自己身上的优点；最后抬起头，不好意思地说："我没啥优点。"但如果我问："那你有什么缺点呢？"孩子往往会不假思索地"一二三四"流畅地说出自己的缺点。

我们的教育就是这样"培养"出只知道自己的缺点却不知

道自己有优点的孩子,这是很可悲的!所以,每当孩子说不出自己的优点时,我就会启发他:"怎么可能呢?每个人都有优点,这个优点有大有小,比如,你爱你的妈妈吗?"

"爱呀!"孩子会马上回答,同时以一种很奇怪的表情看着我,似乎在说:"我怎么能不爱自己的妈妈呢?可这也算优点吗?"

我就笑着告诉他:"你看,这就是你的优点,你有孝心呀!"

就这样,在我的启发下,孩子会慢慢说出诸如"我会做饭""我可以自己走路来上学""我在家里经常帮妈妈做家务""我乐意帮助同学""我的篮球打得不错""我同情弱者"等优点。

苏霍姆林斯基在《要相信孩子》一书中阐述过这样一个观点:我们的教育对象的心灵绝不是一块不毛之地,而是一片已经生长着美好思想道德萌芽的肥沃的田地,因此,教师的职责首先在于发现并扶正学生心灵土壤中的每一株幼苗,让它不断壮大,最后排挤掉自己缺点的杂草。

家长也应该铭记这句话,在生活中多多引导孩子去发现自己身上"美好的萌芽",这是孩子信心的源泉,也是他们进步和不断向好的动力。

不要吝啬对孩子的表扬和鼓励

不论对待什么样的孩子，我们都应该多去寻找他的优点，然后表扬他、鼓励他。当然，这不是说孩子犯了错不能批评他，而是在批评的同时，我们也不要忘记表扬和鼓励。对"后进生"来说，他们从来不缺批评，缺的恰恰是表扬和鼓励。难道他们就没有值得表扬和鼓励的地方吗？当然不是，是我们的偏见妨碍了我们发现他们的优点，而多表扬、多鼓励更有利于他们的成长。

我以前带过一个由"后进生"组成的班级，平时除了严肃纪律和严格管理，我的"法宝"就是表扬。当时，我每周末都会在全班进行一次"全民公投"，让全班同学不记名投票，评选出本周进步最大的同学。凡是获得票数最多的前十名，我都会给他们颁发两个奖励：一是周末带他们到户外玩一次，那是我和孩子们最开心的日子；二是给他们的家长写"报喜单"，告诉家长，孩子在学校里本周表现良好，进步突出，以兹鼓励，并建议家长给予孩子适当的物质奖励。我要求这些孩子把"报喜单"拿回家让家长签字，周一再带回来给我，我把这些都保存好。到期末时，我会再做统计，看谁的"报喜单"数量多，再分别给予这些孩子相应的奖励。

可别小看这张"报喜单",它的威力是无穷的。孩子们开心自不必说,家长们也很开心。更重要的是,孩子们在这个过程中获得了信心和动力,同时为了获得更多的奖励,也会不断提高对自己的要求,让自己变得越来越好。

在家庭中,我也一直建议家长多表扬孩子,多发现孩子身上的优点。只有多表扬、多鼓励,孩子才有可能把身上的优点不断放大。优点放大了,孩子的表现就会越来越优秀。

请适当降低对孩子的要求

我这里所说的"降低要求",不是说对孩子不提要求,而是无论是行为还是学习成绩,都不要要求孩子一下子提那么高。适当降低对孩子的要求,反而可能会刺激孩子不断进步,一步步达成目标。

比如,孩子这次考试考 50 分,你要求他下次一下子提到 80 分就太难了,与其让他对自己失去信心,倒不如先要求他及格。当他通过努力获得及格成绩之后,自己就从中获得了一定的信心,由此也更有动力去为下一个 65 分、70 分努力。

我们要对学习成绩不够优秀的孩子多一些耐心、理解和宽容,这是对他们最好的帮助和教育。孩子的个性和禀赋千差万别,这也决定了每一个"美好结局"都不会雷同。我希望家长朋友们能够记住陶行知老先生的这句话:"你的教鞭下有瓦特,你的冷眼里有牛顿,你的讥笑里有爱迪生。"而未来的瓦特、牛顿、爱迪生,很可能就诞生在我们每天所面对的孩子中间。也正因为孩子拥有无限的可能性,我们才应该在教育他们的过程中慎之又慎,不要因为我们的错误教育而毁掉独属于这个孩子未来的一份辉煌。

"教育的实质,就在于使一个人努力在某件事上表现自己,表现出自己的优点来,在某种好的东西中认识自己。"希望苏霍姆林斯基的这句话能让我们和家长朋友们共勉。

俞立中

> 拥有成长型思维模式的人能够接受挑战与探索,能够主动学习新知识、新事物,也能以乐观的态度面对挑战,认为每次失败都是一堂课,而且认为学习是终生的事业。

培养孩子的成长型思维

上海师范大学前校长
华东师范大学前校长
上海纽约大学创校校长

俞立中

现在，只要一说起对孩子的教育，我们都会想到一个词——"竞争力"，因为我们正处在一个快速变化的世界。也许，孩子和家长都需要有这样的心理准备：当学生走出校门后，他们可能要从事现在根本不存在的工作，使用现在尚未发明出来的技术，以解决我们现在根本想不到的问题。

这一点不难理解。20年前，或者再早一点，我们是否想到"数字经济"带来的变化？是否考虑过那么多"人工智能"的应用场景？显然没有，今天的孩子面临同样的问题。所以，应该说无论是我们过去所学的，还是孩子今天所学的，都有可能滞后于时代发展。人类社会的进步不仅需要各种知识和技能，更需要提升自身素养，需要终身学习的能力。

卡罗尔·德韦克在《终身成长：重新定义成功的思维模式》

一书中，提到了两种不同的思维模式：固定型思维模式和成长型思维模式。一个人如果认为自己的智力和能力都是一成不变的，整个世界是由一个个为了考察智商和能力的测试组成的，他拥有的就是固定型思维；如果一个人认为所有的事情都离不开个人的努力，世界充满了帮助自己学习、成长的有趣挑战，那么他拥有的就是成长型思维。

如果让孩子分别以这两种思维模式来面对挑战、面对变化、面对机会、面对未来，我们可以清晰地看到，这两种思维模式对于孩子的成长，对于一个人在社会上的表现，将会产生不同的影响。

很明显，拥有固定型思维的人习惯规避挑战，不希望生活有变化，认为对生活中的很多现象都是无能为力的，不愿意接受批评，喜欢待在舒适区内；而拥有成长型思维的人能够接受挑战与探索，能够主动学习新知识、新事物，也能以乐观的态度面对挑战，认为每次失败都是一堂课，而且认为学习是终生的事业。

可想而知，不论是今天还是未来，社会都喜欢拥有成长型思维模式的人。如果我们对孩子的教育能够建立在这种观念上，努力培养孩子的成长型思维，那么孩子的未来不会让人失望。

那么，怎样培养孩子的成长型思维呢？

在我看来，知识、技能、态度和价值观的教育，都是孩子在成长和发展过程中必须关注的。而学生的发展动力往往来自他们对这个世界的认知以及由此产生的责任感、理想、抱负和价值取向等。因此，最长远的支撑力是孩子的世界观、人生态度和价值取向，也就是我们常说的"三观"。

但是，"三观"并不是教出来的，而是一种自然养成的结果。所以，作为孩子的第一任老师，家长千万不要急功近利，而是应每时每刻以自己的言行来影响孩子。如果我们把人生看成一场马拉松长跑，家长陪伴孩子的可能只有前三分之一路程，起到助推器的作用。当孩子走上社会，开始自己的发展，后面的路就要靠自己跑了，他的世界观、人生观和价值观就是后三分之二路程的前进动力，是决定他能走多远、飞多高的关键要素。

因此，面对未来，我认为家长应该适当改变以往的教育观念，重新面对孩子的成长和教育问题。

重新审视"成功"的定义

我在和家长的沟通中，感受到"焦虑"是家长的普遍心态。我们一直说"竞争"，那么孩子要跟谁去竞争呢？是跟自己竞争、跟时代竞争，还是跟身边的孩子竞争？

很遗憾，今天孩子竞争的对象往往是他们的同代人，甚至是和你隔壁邻居家的孩子去竞争。适度的竞争对孩子的成长和发展是有利的，有一个榜样在身边，可以让孩子看到自己的不足，激励自己前进。但是，过度竞争就是揠苗助长，会害了孩子。

越来越多的家长之所以逼着孩子去竞争，主要是因为我们今天对"成功"的理解太趋同了。很多家长往往把"成功"定义为孩子能进入一所"好"小学、"好"中学、"好"大学，毕业后找到一份"好"工作……如果这样来定义"成功"，那孩子肯定就要与其他千军万马一起过独木桥，竞争压力会非常大。

如果不以这种固定型思维模式，而是以成长型思维模式来看待"成功"，其实"条条大路通罗马"。孩子在不同的学习道路上、不同的工作岗位上，都可以获得一定的成功。这就涉及人生观和价值取向多元化的问题。如果认为上好学校、找到好工作才算成功，那注定只有很小一部分孩子有"成功"的获得感。其他孩子就不成功吗？这就取决于孩子与家长对人生幸福、价值实现的理解了。

上海纽约大学首届本科生毕业时，很多人都收到了国外一流高校研究生的录取通知书，还有不少人得到了世界500强企业的工作机会。有一位毕业生得到了一家知名企业的许诺，却表示自己不会去。

我很不解，就问她："你为什么要去面试呢？"

她回答："我就是想试试，看企业是否认同我的能力。"

我又问她："那你打算去什么公司？要求多少薪水？或者打算去哪个城市？"

她说："俞校长，去什么公司、拿多少钱或去哪个城市都不是我的要求，这是上海纽约大学教给我的理念。我是来上海纽约大学吃'螃蟹'的，所以我的第一份工作也一定是吃'螃蟹'的，我更愿意去一家能够实现我个人价值的企业。"

最后，她去了刚刚在上海成立分中心的真格基金。后来，我应邀参加了真格基金上海中心的成立仪式，我问负责人："你们现在有多少人？"她说："只有三个人，其中包括您的那个学生。"

我当时很惊讶，但更佩服她敢于挑战自我的勇气。一年后，她给我发微信，说自己跳槽去了一家机器人公司。我问她："你跟徐小平（真格基金创始人）讲过吗？他们会不会觉得你不安心工作？"她回答说："就是徐总支持我去的，因为这家机器人公司是我用天使基金做的第一个投资项目。他认为我去那边可以发展得更好，而且认为那个机器人公司更有前景，所以推荐我去。"

新冠肺炎疫情暴发后，武汉方舱内使用的智能服务机器人就是她公司开发的。看到她干得越来越起劲，我也很为她高兴。

严格来说，与其他同届毕业生相比，这个孩子入职的企业可能并不算特别抢眼，但这并不妨碍她追求自己的热爱，实现自己的价值。你能说这不是成功吗？

保护孩子的学习兴趣，建立自驱力

苏霍姆林斯基说：孩子提出的问题越多，那么他在童年早期认识周围的东西也就越多，在学校中越聪明，眼睛越明，记忆力越敏锐。

孩子天生对世界充满好奇心，小时候他们会用手触摸，用嘴巴品尝，用眼睛观察；再大一点儿，会用大脑思考，问各种各样的问题。在这个过程中，孩子的观察力、思维能力、创造力等都在不断地发展。孩子在不断地寻找"是什么""为什么""怎么办"的过程，就是在建立自我驱动能力的过程，也是孩子思维智力快速发展的过程。

但是，学校教育都是按照孩子的年龄段来实施的，是基于学生的平均状况，很难做到根据每个孩子的特质去设计教学内容。这就需要学校教育、家庭教育和社会教育之间较好地互动与结合，其中又以家庭教育的功能最为明显。我一直认为，家庭能为孩子提供尽可能多的机会，多让孩子发展自己的兴趣、爱好、特长，保护好孩子的好奇心和学习天赋，对孩子的成长是件非常重要的事。如果孩子在很小的时候就失去了学习兴趣，未来发展会很痛苦。

所以，家长一定要遵循孩子每个年龄段的认知规律和成长规律，对不同成长阶段的孩子多加观察，因势利导，帮助孩子发挥自己的优势。同时，家长也不要给孩子设立太高的目标，制定太苛刻的标准，而是要注重培养孩子的学习习惯和学习方式，避免孩子养成拖拖拉拉、思想不集中等习惯，这些会影响孩子一辈子。

尊重孩子的选择，让孩子掌控人生

家长能够遵循孩子的成长规律来教育孩子，孩子在长大后，就能自己做出最适合自己的选择。当然，孩子的选择可能是多元化的，我建议家长尊重孩子的选择，给予孩子自己掌控人生、实现价值的机会。

我碰到过一位美国女作家，她的儿子丹尼尔从佛罗里达来到上海纽约大学，是第一位到学校报到的外国学生。他毕业离校后,他妈妈给我发了一封邮件,表示感谢学校对孩子的培养。我问她:"您的孩子去哪里工作了?"她告诉我说:"我也不知道他去哪里了,他曾经告诉我,他有个愿望,就是去非洲做志愿者,也许他去非洲了吧。不过,他说在非洲做完志愿者,还要去法国看亲戚,总之我也不清楚他在哪里。"

有趣的是,在我 2020 年离职退休的那天,他来了。我问他从哪里来的,他说:"我现在就在上海工作呀!"

你看,这位外国学生就是这么"自由",他的追求和选择也很多元化,这可能是很多中国家庭无法接受的。但我认为,家长应该心平气和地思考孩子未来的幸福问题,此时"底线思维"很重要。在我心目中,排在第一位的"底线"就是身心健康,其次是诚实正派,有积极的人生态度和价值取向,不欺骗、不犯法,做一个正直的人;最后,孩子要能够自食其力、养家糊口。能够让孩子做到这三点,家长的责任就算尽到了。至于未来孩子能走多远,则取决于他的兴趣和天分,以及他进入社会后的选择和努力。当然,也取决于各种机会,还有他能不能把握好机会。

综上所述,家长要培养孩子的成长型思维,鼓励孩子逐步明白自己的人生追求,拥有自己的判断力和选择力,同时也要让孩子为实现自己的目标而努力,能够有勇气、有动力、有能力去看更大的世界,成为更好的自己。

夏青峰

> "我们就是要提供这种外在的良好的成长环境,让生命的内在成长力量与外在良好环境进行有效互动,通过外部环境去唤醒、激发、滋养、支持、引导内在的生命力量。"

教育的本质是让孩子成为他自己

北京中学校长

夏青峰

我记得陶行知先生说过这样一句话：办什么样的学校不是目的，培养出什么样的人才是根本。简而言之，教育要以培养孩子成为人为根本目的，而教育本身只是一种手段、一种载体。但是在很多时候，我们只盯着教育这个手段，反倒让孩子成了工具，这是个很大的问题。

近年来，虽然教育一直都在强调以人为本，可落实到实际行动中却经常背离这种精神，比如给教育戴上许多功利的帽子，让它承担了选拔的功能，结果使得教育原有的一些东西变了味儿。一个最典型的例子就是前几年很火爆的奥数，它原本是个很好的东西，可一旦带上"筛选人才"的功利标签，就不再具有奥数本身的意义了。这就好比苹果好吃，但如果说谁吃的苹果多，就给谁奖金，那你吃的苹果肯定就失去原本的味道了。

我在创办北京中学后一直特别强调一点，那就是一定要把孩子的成长放在第一位，真正做到立德树人。我认为好的教育应该是：让人成为人，让自己成为自己，促进孩子全面、自由地发展。这也是我作为一个教育者的初心。

教育的过程应该是生长，而不是加工。生命有其内在的生长力量，每个孩子都如同一颗种子，只要你给他提供必要、充分且适合的土壤、阳光、水分和营养，并保护其不受伤害，这颗"种子"就能正常地生根、发芽、开花、结果，长成他最好的模样。

而我们就是要提供这种外在的良好的成长环境，让生命的内在成长力量与外在良好环境进行有效互动，通过外部环境去唤醒、激发、滋养、支持、引导内在的生命力量。再借用陶行知先生的一句话，就是"过什么样的生活，就是接受什么样的教育"。要想让孩子长成最好的模样，就一定要让他们拥有最好的成长环境。"授人以鱼，不如授人以渔"，我们既要有"鱼"，也要有"渔"，但更重要的是把孩子带入一个有风有浪、宽广辽阔的渔场中，让他们亲自下水捞鱼，慢慢地在生活实践中形成属于自己的各项能力。

那么，我们要如何为孩子提供这种外部环境呢？

以信任为基础去发现孩子的优点和缺点

作为教育者,我们要充分相信生命的力量,并且要对生命的力量怀有深深的敬畏感。家长也是如此,一定要充分信任孩子,要相信自己的孩子一直是向好的,无论他在你面前怎么说、怎么表现,他的内心都有向好的念头,都想得到爱、尊重和鼓励,想要自我实现,想要发展得更好,想去体会生命的意义与价值。如果你不信任孩子,那么教育就无从谈起。

在信任的基础上,我们再去做一个观察者,去认真发现孩子的优点、特点,甚至是缺点。当然,我们更多地还是要去发现孩子的优点,哪怕仅仅是一个优点,然后把这个优点不断放大,帮助孩子找到自信。一个人一旦有了自信,就有了把事情做好的动力。所以,要教育好孩子,就一定要充分了解孩子,给予孩子相应的赏识和鼓励,不断地把孩子内在的优势激发出来,孩子才可以向着越来越好的方向发展。

提供适合成长的、个性化的环境支持

此外,我们还要为孩子的成长提供充分的支持和帮助。我们无法设计孩子的成长,更无法代替孩子成长,但能为他们提

供适合他们成长的、个性化的、有针对性的环境支持，这应该是孩子在成长过程中最需要的帮助。

这一点在家庭当中尤为重要，因为学校里孩子很多，老师很难一下子影响和帮助到每个孩子，对孩子的影响远不如家长深刻。所以，如果想让孩子朝着某个方向努力，你就要做好示范作用，比如你希望孩子多读几本书，少玩电子游戏，但自己却天天拿着手机玩游戏，那肯定就没办法给孩子做好榜样。再比如，你希望孩子理解社会、认识社会，保持积极乐观的状态，但自己却动不动就发牢骚，对社会各种不满，那孩子肯定也没办法对社会保持积极的看法。

生长的过程，是一个从不成熟的状态向成熟状态迈进的过程。处于不成熟状态的孩子，尽管有内在的成长动力，有向上向善的愿望，但也不可避免地会在成长过程中面临方向与方法上的困惑与偏离，需要我们的引导。家长对孩子的影响和引导，体现在生活的各种细节和氛围之中，只有你为孩子提供的环境是健康的、积极的、乐观的、向上的，孩子才有可能耳濡目染，成长为健康、积极、乐观、向上的人。

把握好严格与宽容之间的度

都说我们要信任孩子,但说起来容易,做起来难。当孩子总是犯错误时,我们的内心可能就会动摇:这孩子还能教好吗?

其实,孩子在成长过程中一定会犯错误。孩子从不成熟走向成熟,原本就是一个不断摸索的过程,而成长就是在不断地把控成功的喜悦与不成功后的惩罚中进行的。对于犯错的孩子,我一贯的主张是,在形式上可以按照规则惩罚孩子,但教育者内心深处还是要多些平和与包容,相信孩子会慢慢变好。

多年前我有一个学生,在周日的下午跳窗进入教师办公室,偷拿了老师的本子与笔,正好被我发现了。看着他战战兢兢的样子,我当时心里非常矛盾,是该严肃地处理他,还是选择宽容他?最终我选择了宽容,毕竟他只是一个二年级的小学生。随后,我带着他到文具店,给他买了10支笔和10个本子,并且告诉他用完了可以再来找我,但绝对不能再去拿别人的了。后来,我再也没有发现他偷拿东西。

这件事让我感触颇深,很多时候,对孩子的宽容远比惩罚更有力量。孩子学会了撒谎,我们可能会生气,但是深想下去,有些时候孩子撒谎反而可能是家长、老师逼出来的。一不小心做错了事，就会招来家长、老师严厉的批评或教训，为了躲避这种惩罚，孩子只能撒谎。久而久之，撒谎的更加会撒谎，生气的更加要生气，亲子关系、师生关系开始僵化。很多孩子与家长、老师无话不谈，甚至连自己的绝密隐私都愿意分享，可是有些孩子跟家长、老师却总也讲不到一起，为什么？因为孩子的心对我们封闭了。一旦孩子关上了心门，我们再想了解他、引导他、帮助他，就会很困难。

想要让孩子打开心扉，奥妙就在于把握严格与宽容之间的分寸。其实，只要我们真心与孩子交朋友，与他们平等、真诚地沟通和交流，真正站在孩子的立场去想问题，让孩子感受到大人发自内心的关心，就一定能把握好严格与宽容之间的那个"度"。

调动孩子的"心之力"，学习事半功倍

每个孩子都是具体的、不一样的，成长的"花期"各有不同，有人成熟得早，有人成熟得晚，但他们都是成长中的人。同时，他们也有各自发展的优势领域，比如有的孩子喜欢画画，有的喜欢踢球，有的擅长言说，有的喜欢算题……不管在任何时候，作为教育者，我们都要想到"物之不齐，物之情也"

(《孟子·滕文公上》），就像一个湿地公园一样，里面一定有长得很高的树，也一定有很矮的草，但是每种植物都长成了它们最好的样子，这才是最重要的。我们要有包容性，相信每个孩子都是"可教之才"。当然，有时孩子表现出来的想法和做法可能有些偏激，这时我们可以先想办法顺着他，就像打太极拳一样，顺着顺着就把他顺到你这边了，他也会不知不觉地按照你的方向走了。比如在我们学校，有的孩子理科特别出众，但对其他学科的学习就很不积极，后来在老师的引导下，孩子尝试以科技研究为题材写论文，写着写着，就对语文、英语等学科产生了兴趣。

我们要在尊重每个孩子特点的前提下，帮助孩子发现自己独特的一面，在这个过程中，也可以帮助孩子发现那些他们自以为不够好的方面其实依然有潜力可挖。我们把这种方式称为调动孩子的"心之力"。当孩子的"心之力"真正被调动起来，孩子就会想学习并主动去学习。拥有了志趣以后，孩子再学习可能就会事半功倍，学习效率也会提高，对知识掌握的程度、思维品质的形成等都会有所帮助，并且会形成良性循环。

总而言之，每个孩子都有内在的生命动力，有成长的渴望，我们一定要相信这样的内在力量。一直以来，我的教育观点都是让每个孩子、每件事各得其所、各就其位，按照自己的规律生长运作。最好的教育，就是充分地把孩子的内在力量调动起来，在孩子天赋所在的地方点一盏灯，让孩子以舒展的姿态和自身的力量成长为更好的自己。

第四章

能力培养：打牢孩子人生的基础

冯恩洪

> 育人不能只有一个维度,
> 而应该有四个维度:
> 第一个维度是健康,
> 第二个维度是认知,
> 第三个维度是能力,
> 第四个维度是责任和担当。

我们要站在未来培养孩子

上海建平中学前校长

冯恩洪

读书为了什么？中国目前的教育价值认为读书是知识的积累，所以中国有全世界独一无二的评价标准：用总分评价。世界上没有第二个国家是这样做的。在国际教育会议上，有很多人问我总分有什么用？我一时竟然不知如何回答。

新冠肺炎疫情导致全球经济萧条，我们又面临着世界格局的重大变化，我认为借助这一次疫情带来的各行各业的反思，中国也许应该重新审视自己的教育价值。

一节课的价值仅仅是为了知识的积累吗？毫不客气地讲，国际上的教育模式已经更新了赛场，而我们还在旧跑道上拼命。知识的积累很重要，但知识的应用比知识的积累意义更深远。

现在我们的教育呈现出一种"剧场效应"。这个词最早源自法国教育家、思想家卢梭之口，他把整个巴黎比作一个大剧场，每一个法国人都是剧场中的观众，大家都坐着看戏。但是，有个别人不遵守秩序，开始站起来看，周围人见了，陆续有人站起来看，最后全剧场的人都站起来看，导致没有一个人看清楚。

站着看戏与坐着看戏有区别吗？

肯定是有的。最先站起来看戏的人，在短时间内可以看得更清楚，但等大家都站起来了，所有人看的效果几乎与原来相同。只是这样一来，大家反而比以前更累了，大家要付出比原来更多的体力成本，才能得到和原来一样（甚至更差）的观剧效果。更悲剧的是，虽然大家都更累了，却没有人愿意坐下来看戏。因为谁选择坐下来，谁就啥也看不到了。相反，有人开始站在椅子上看戏，引发更多人也学着站在椅子上看戏。

这种"剧场效应"正在中国教育界泛滥成灾。举个最简单的例子，孩子每天应该有多久的学习时间？国家有规定，孩子个人的生物钟也有规定，但"剧场效应"却一再突破国家规定和孩子的健康底线，一开始大家可能都让孩子一天上 8 节课，但不久，有人"站起来"了，让孩子一天上 10 节课，结果孩子的成绩得到了提升。其他家长觉得这种方法有效，于是纷纷跟进，再次达到新的平衡，但苦的却是我们的孩子。

人们常说"学海无涯苦作舟"，对此我很不理解，学习为什么一定要"苦"呢？学习从不知到知之，从知之较少到知之较多，从来都是一件快乐的事情。因此，我们要求老师先跳出"题海战术"，减轻学生的负担，把"苦作舟"变成"乐作舟"，同时家长也要改变自己的认知，不再把题海战术作为孩子提升能力的唯一途径。我们当前的教育过分地强调整齐划一，忽略了自由和权利的价值，忽略了个性张扬。所以，我们必须重新审视当今教育的这种"剧场效应"，并努力走出这种"剧场效应"。

扭曲的教育没有未来，正确的教育责任是回到教育的原始出发点，也就是把自然的人培养成对社会有用的人。我一直强调，育人不能只有一个维度，而应该有四个维度：第一个维度是健康，只有在保证孩子身心健康的基础上，才有可能谈教育问题；第二个维度是认知；第三个维度是能力；第四个维度是责任和担当。如果我们过分放大一个目标或认知，而丢掉健康、能力、责任，这种教育就是扭曲的教育。扭曲的教育不但不会让孩子有未来，还会毁掉孩子的未来。要从以上四个维度解决孩子的教育问题，我认为可以从以下几方面入手。

培养孩子的抗挫折能力

现在的很多孩子营养上得到了充分的保障，家务上得到了全部的解脱，个人愿望得到了成倍的满足。家长的初心是好的，都希望孩子少吃苦，但人生很现实，不吃苦是不可能的。只有从现在起培养孩子不怕吃苦的品质，未来孩子才可能有少吃苦的人生。

有了这种意识后，我们就可以寻找机会，或者跟社会配合，在满足孩子好奇心、想象力的过程中，培养孩子不怕吃苦的品质。

上海浦东在开发过程中，附近水域中的清水都变得很浑浊，夏天孩子们上学时都要戴口罩。这时，建平中学有7个孩子提出了一个问题：我们还能恢复它绿水青山的本来面貌吗？

为了找到这个问题的答案，他们利用两个寒暑假的时间，克服了很多常人难以克服的困难，围绕这条水域进行调查，沿途取样，再回到实验室分析，最终写出了一份关于该水域被污染的原因及其治理方案的报告。后来，这份报告在上海科技节上获得了特等奖，引起了我的注意。我赶紧调出这几个孩子的这份科研报告，发现里面竟然用到了流体力学、高等数学、物理、化学、生物等多种学科知识，非常专业。后来，这7个孩子集体报考了复旦大学的生命科学学院。

现在看来，孩子并不是不能抵抗挫折，如果我们能够激发他们的责任和担当，培养起他们的兴趣，让他们接受适度的挫折训练，他们是完全可以很好地成长起来的。抗挫折能力也是他们收获健康身心和幸福人生必不可少的一个因素。

将孩子的特长跟社会发展相结合

现在，我们的教育对孩子的评价都是看文本化考试评分，但国际教育的评价是去文本化考试。中国的教育之所以呈现出"剧场效应"，一个重要原因就是太注重文本化考试了。总分评价、文本化评价、百分制评价，成为孩子负担过重的根本原因。

国际教育对孩子的评价共分为五档，孩子考试能考到80分以上，就是最好的了。可是在国内，孩子考98分都不是最好的。在这样的情况下，孩子能不累吗？

为了让孩子尽可能不被这种文本化考试捆绑，1985年，我在教育中做了第一个改变，就是在学校评"三好学生"时，在"三好学生"前面加了两个字——"特色"。曾经被我们学校评为"特色三好学生"的几个被保送到清华、北大、复旦的孩子，现在几乎都成了上市公司的首席执行官。他们跟我说，如果没有"特色三好学生"，他们就会被叫作"偏科学生"。我说这很正常，一个人用自己的特长跟社会发展需要相结合，才是终身受益的结合。

实际上，不管是学校教育还是家庭教育，我们都不应该用今天的需求去培养适应未来社会的孩子。孩子虽然学习在今天，但就业在明天，因此，我们要衡量一下他们走上社会的时候，社会会对他们提出哪些需求。

美国一个教育网站上曾经提出一个问题，说现在的孩子出生、学习、就业、退休几乎都是在互联网时代，互联网时代孩子的幸福人生与农业经济时代、工业经济时代有哪些不同呢？3000多万个美国家庭经过6个多月的讨论，最后得出的结论是，在互联网时代，幸福人生必须具备6种能力：自我管理能力，信息处理能力，有效表达能力，沟通写作能力，好奇心、想象力，创新变革能力。根据这6种能力，美国的教育家、各个行业协会的领袖，正在研究美国新一轮的教育改革。

回到我们的教育中，面对未来，我们的孩子难道就能缺少这6种能力吗？我认为是不可以的。不仅不可以，我们还要积极去发现和发展孩子的特长，让孩子在未来也能跟上互联网时代的步伐，享受到幸福的人生。

重视孩子发现有价值问题的能力

我在美国的时候，我的房东家有个6岁的男孩。有一天，当校车来到家门口，准备接小男孩上学时，女主人亲吻了小男孩的额头，然后说道："宝贝，今天上课你要向老师提几个有意义的问题哦！"

当时听到这句话，我真的非常惊讶。我们的很多家长每天送孩子上学时，跟孩子说的话可能都是："今天要听老师的话啊！""今天要好好听课，不准调皮啊！"我们没有意识到如何去激发孩子的好奇心和想象力，更没有鼓励他去积极地发现问题、探索问题。也就是说，我们没有培养孩子发现有价值问题的能力，这种能力比解决问题的能力更重要，未来也可以帮助孩子更好地适应社会的发展与创新。

有一次，我在海南的一所学校听课，那堂课讲的是《司马光砸缸》的故事。有个6岁的小女孩问了我一个问题：小朋友掉进水缸里，其他小朋友都慌了，司马光也是小朋友，他为什么没有慌呢？这个问题当时就把我问蒙了。

你看，孩子是具有发现一些有价值问题的能力的，关键是我们能不能重视孩子的这些问题，以及面对孩子的认知范畴和能力，如何才能把这些问题深入浅出地解答清楚，引导孩子的发散性思维，从而进一步强化孩子的好奇心和想象力。

但我们现在看到的现象是：别人发明了什么，我们就来不断改进、优化，然后再把它变成自己的。所以，为什么说我们从0到1不行，而从1到99是人才辈出呢？说到底还是与我们的教育方式有关,是我们的教育陷入了"剧场效应",过分地看重文本化考试、总分制评价等,而忽略了原本应该培养的孩子发现有价值问题的能力。

我们今天对孩子的培养,不仅仅是让孩子学习知识,更要注重能力的培养、认知的培养、责任和担当的培养。我们应该走出"剧场效应",转换观念,尝试站在未来的角度对孩子进行培养。如果你仍然站在昨天,用一种越来越"卷"的方式养育孩子,我觉得那才是一个大问题。

刘可钦

> 美育的目的不是为了功利,而是为了开发孩子的潜能,培养和熏陶孩子的人格,提升孩子的综合素质,为他们搭建未来展示自我的宽阔舞台。

美育给孩子另一种语言

北京中关村第三小学前校长

刘可钦

美育,就是美感教育,也就是培养孩子对美的认知、了解和鉴赏能力。说起美育,很多家长认为,只有当孩子确定向艺术专业的道路上发展时,才需要重视美育,否则没必要在这上面浪费时间。

这种观点是不对的。美育不仅能教会孩子审美,还能让孩子更多地认识美、发现美、理解美和鉴赏美,这个过程可以影响孩子性格的形成、对世界的理解和表达,以及思考事物的方式。中国青少年研究中心首席专家孙云晓曾经说:"不仅创新的基础和动力是审美,健康人格的培养也离不开审美。"我们不管是做教师还是做校长,只要做教育,如果没有审美的眼光和对美的敏感,就做不出味道来。同样,如果家长对孩子缺乏美的教育,或者不重视孩子的美育,也无法丰富孩子的内心。

但是，现状更多的是：很多家长都把艺术特长作为帮助孩子升学的秘密武器，逼迫孩子苦学艺术。我理解家长的心情，可并不认同这种方式。在我看来，孩子拥有了钢琴并不等于就拥有了音乐，拥有了画笔也不等于就懂得了艺术。美育不是为了功利，而是为了开发孩子的潜能，培养和熏陶孩子的人格，提升孩子的综合素质，为他们搭建未来展示自我的宽阔舞台。

比如，孩子学习音乐，应该是为了能在老师的指导下学会调整自己的声音，唱出动听的歌声；孩子学习美术，应该是为了通过绘画抒发自己的内心，表达自己对美的理解。同样，各种各样的美育实践都应该是为了让孩子体悟到，在社会生活中要如何管理自己的行为才能拥有良好的秩序。这种秩序不是没有规矩的绝对自由，也不是整齐划一的完全统一，而是像合唱一样，各个不同的声部共同发出和谐的声音。

所以，我认为，美就是和谐，就是让人感觉舒适。美是给孩子的另一种语言，我们的孩子在学习中学到的不仅仅是汉字，也不仅仅是数学，每个孩子都应该通过多样的语言形式去认知自己、认知世界，就像用歌声来抒发隐藏的情绪，用舞蹈传递内心的喜悦，用画笔展现脑海中的世界一样，这些都是美育给予孩子的另一种语言，让他们对世界的感知更加丰富，思想更加灵动。美不应该只是一个结果，更应该是一个过程。

当然，艺术教育是对孩子实行美育的重要途径，但它不是唯一的途径。美育不应该只停留在纯粹的艺术技能培训上，而应该更注重对孩子心灵的引导。

因此，我建议家长在日常生活中至少要通过下面四种途径对孩子实施美的培养和教育。

丰富孩子的视野，引导孩子去发现美

生活日复一日，年复一年，每个平凡的一天都有独特的美丽。作为教育者，我们应该从日常生活入手，在孩子很小的时候就要引导他们多去感知这个多彩的世界，多观察和发现生活中美好的事物，比如，色彩鲜艳的水果、五颜六色的鲜花、姿态各异的小动物等，或者带着孩子到大自然中去，欣赏大自然的山川草木，感受自然之美。

当孩子再大一些，我们还可以带他们去参观美术馆、博物馆、艺术馆等，帮助孩子打开大脑，丰富视野。

我过去工作过的学校的地下室里有一个很宽阔的走廊，学校在这里建了一个植物长廊，摆放了一些从南极到北极的典型植物和动物模型。为了营造逼真的效果，还在地面铺上沙粒作为沙滩，在塑料草皮上堆了几个小山坡，里面除了小兔、小鸟的模型，还有老虎、豹子等的模型。

孩子们一开始都感到很新鲜，经常会过去摸一摸、看一看，研究半天。但过了两年，孩子们对这里渐渐失去了兴趣，开始搞"破坏"了。我们发现，即使以前这里很美、很新奇，时间久了，孩子们的新奇感也会逐渐消失。植物长廊在孩子眼中已经不"美"了，甚至是不和谐的、让人不舒适的了。于是，我们毫不犹豫地拆掉了植物长廊，使这里成了一个新的开放的长廊，并且让老师带着孩子们一起在这里绘制壁画，让这里重新有了生机，也让孩子们再一次发现了这里的美。

在孩子眼中，美不见得是多么高大上的东西，它也许很普通，但只要有一些特点，能够给孩子带来新奇感，孩子就会从中发现各种各样的美。

用美育发展培养孩子的创造力

教育本身就是一件有创造力的事业，同样也可以培养孩子的创造力。想要培养孩子的创造力，对孩子进行美育是一个重要途径。美育可以开发孩子的右脑，科学研究发现，人的右脑拥有强大的创造功能，它控制着我们的理性思维，会为我们提出一个又一个创意或点子，并能够论证这些创意或点子是否可行。

有的家长可能会说：我不需要我的孩子成为科学家，有轰轰烈烈的科技大发现，我只希望孩子能做个普通人，快乐地过一辈子。

我要告诉这些家长，就算要过普通生活，也同样离不开创造力。比如，当孩子在生活、学习和未来的工作中遇到一些新任务，或者不太容易完成的任务时，就要通过创造力与行动来应对这些挑战。

在每个孩子眼中，世界都是与众不同、独一无二的，创造力是他们表达个性的重要途径，它可以让孩子更好地去表达"我"眼中的世界，以及世界中的"我"。

教会孩子打开想象，用自己的方式表达美

我经常跟家长和老师说，希望美育能够让孩子打开心扉，"情动则歌，歌动则舞"，让孩子能够学会用不同的方式来表达自己的认知，这样他们的生活中才会充满情趣。更进一步说，我们国家倡导大众创业、万众创新，而创新永远离不开想象。美育，可以帮助孩子打开想象的翅膀，在理想的天空中翱翔。

但是，美并不是只用单一的方式来表达，它可以有多种多样的表达方式，也可以从很多角度来表达。比如，面对孩子的

绘画作品，很多家长常常会用自己的审美标准来评价，认为孩子"画得不像""画得不好看"。这些都是要不得的，不但会打击孩子的自信心，还会破坏孩子对美的感受。当然，我们也不能为了鼓励孩子好好画画，就直接说"你画得太棒了""你就是画画的天才"之类的话，这些同样无法帮助孩子欣赏自己的作品。

面对孩子的涂鸦或绘画作品，我们可以尝试指出"你的色彩运用得很棒""你把太阳画得很有特色""这几根线条画得非常流畅""这幅画整体上非常协调"等具体的优点。如果你担心自己的评价不准确，也可以用谦虚请教的方式，请孩子来表达一下他对自己的画作、对美的理解与感受，比如，"你这幅画看起来有些高深，能为我解释一下吗？""你这里画得很特别，能告诉我你想表达什么吗？"在多数情况下，孩子是很愿意跟我们分享的，同时也会表达自己对画作的理解。

很多时候，绘画就是孩子内心的情感表达，而孩子所具有的天然的、敏锐的感知力和想象力，可以使他们的表达非常富有创意和艺术感。

了解传统文化之美，保持温润和自信

中国的传统文化十分美妙，不论是诗歌、绘画还是礼仪，

都充满了韵味。我想，通过美育让孩子对这些文化产生兴趣，并传承和弘扬这些传统文化，对孩子来说是非常有意义的。

所以，我一直提倡让孩子从小接触和学习传统文化，感受传统文化的魅力。它可以为我们的孩子奠定文化底色，让孩子的内心始终保持温润和自信，这将是孩子一生的财富。

当然，我们很难找到一把标准的尺子来衡量哪些事物才算是美的，或者某种事物到底是美还是不美，但在日常生活中，我们又能切实地感受到"这样做很好、很美"。这说明，虽然没有统一的尺度去衡量一件事的"美感指数"，但是人类共有的价值观却能够让我们发自内心地赞美同一件事。大凡真实的、友善的、愉悦的行为，都能够给人们带来美的享受。更重要的是，接受美的教育，可以让孩子学会由衷地欣赏自己，有足够的热情和力量去接纳这个世界的美好，并拥有一颗善良、坚定且温暖的心。

刘煜炎

> 人工智能时代的到来，逐渐转变了各行业对劳动者知识、技能、素质的要求，创新能力、协作沟通能力、复杂问题解决能力等成为孩子面向未来的关键竞争力。

让孩子像科学家一样思考

北京凯博外国语学校总校长

刘煜炎

25岁拿下英国约克大学物理系博士学位,导师是国际磁学会主席,多次参加MMM国际磁学联合大会、美国电气和电子工程师协会(IEEE)等磁性材料国际学术论坛成果演讲,除此之外,还在英国开酒吧,做公益,资助中国艺术家。这个人叫吴昊凯锋,是我2011届的毕业生。

听起来是不是很像"别人家的孩子"?其实,吴昊凯锋在刚入学时,也是成绩平平的"普通娃"。之所以能成为今天的他,用吴昊凯锋的话说:"这得益于我在高中时的自由空气,高中的学习经历让我认识到了自主学习的重要性,也培养了我像科学家一样思考的习惯。"

在我教过的孩子当中,像吴昊凯锋这样的还有很多。学生时代养成的科学探究精神,帮助他们在今后的求学和工作道路上取得了更多、更大的成就。这也让我坚定了把科创教育作为学校核心教育道路的信心。

少年强则国强。个人要想取得长远发展，离不开与国家命运的紧密结合。人工智能时代的到来，逐渐转变了各行业对劳动者知识、技能、素质的要求，创新能力、协作沟通能力、复杂问题解决能力等成为孩子面向未来的关键竞争力。当我们把孩子培养成能够解决国家问题，尤其是能解决国家在全球战略竞争当中容易被人"卡脖子"的关键问题时，孩子才更能学会像科学家一样思考，才能让他们在纷繁复杂的信息时代练就看到问题原本和核心的能力，真正让孩子开阔眼界，打开格局，链接未来。

那么，如何对孩子进行科创教育，让孩子从小养成像科学家一样的思考习惯呢？我认为可以参考以下五个方面。

鼓励孩子提问，培养自学能力

在做教育之前，我一直是搞物理化学研究的，在中科院读了三年硕士，又去剑桥读了三年博士，后来留在剑桥工作了七八年，带了很多硕士、博士。受这些经历的影响，我的课堂也跟传统课堂不太一样。传统的课堂，更多是灌输式的讲课方式，老师讲，学生听，下课再去刷题消化。但我习惯把课堂放开，就是在课堂上鼓励孩子充分提问，培养他们的自学能力。

当孩子问的问题越来越多，他的认知也会越来越快。你会发现，同样是学一本书，教学可能需要半学期甚至一学期，但是让他自己学，大概三五个小时就学完了。而且，其中可能只有 20% 的内容是新知识，他需要重新学。所以，如果孩子能自学，他的学习效率是很高的。

其实，真正的学习应该是孩子自我生发智慧的过程，让孩子能够在课堂上、在跟你的对话中生发出他自己的智慧。老师更多起到的是引导作用。这是一种自然学习的状态，也是人们认知世界的一种方式。当孩子具备了这种自主学习的能力，也就具备了拥有科创思维的基础。

重建心智：我只是暂时不行

很多后进生之所以无法做到优秀，是因为并没有把心智打开。

拿我的学生举例。我上课时，经常会让学生自己提问题，就像点菜一样，让大家把不会的题目"点出来"，我会根据题目的难易程度让同学来讲。但如果碰到平时对物理学科兴趣不大的学生点题,我就会让这个孩子自己来解决。

有一次,有个物理不好的学生点了一个题目,他说:"老师,这个题我不会,我希望你来讲,或者同学帮我讲。"我说:"这个题目我相信你会。"他不相信。我说:"没问题,你把这个题目发给所有同学,你先跟同学们讲你是如何理解这个题目的,然后再让同学们给你讲他们是如何理解的,等他们跟你把对这个题目的理解都陈述清楚了,你就会了。"

果不其然,当他把这轮操作进行完后,他跟我说:"老师,这道题我会了。"

这个学生过去对物理没有信心,且他对物理的系统知识也存在认知误区。像这样的学生,如果在一个传统课堂,大部分老师可能会找一个优秀的同学把这个题讲了。这样做,这个学生可能会把这个知识点理解了,但是在他心里会形成这样一个认知:同学都会,我不会,我就是比别人在物理上弱,我不行。

其实,让孩子自己讲是一个非常好的帮他重建心智的机会。一个对物理不感兴趣、成绩也不佳的学生,如果自己把问题解决了,他就会重新建立对自己的认知:我其实不是不会,我是思维方式不对、对知识点存在误区,所以才不会,不是我能力不行。

这个帮他重建心智的时间可能会很长,可一旦成功,他就实现了破茧，他将打破思维的天花板，看到天空的广大和自由，从而发觉自己更多的可能性，实现更多的探索。

培养孩子的"求异"意识，不要给自己设限

凡是别人说"是"的地方，你都说"不是"，别人说"不行"的地方，你都让它"行"，不要给自己设限。

日本有一家专门生产螺母的公司，名叫哈德洛克工业株式会社。虽然只有40多名员工，却制造出了一款"永不松动的螺母"——哈德洛克螺母，并把它卖到了全世界。

我们知道，普通螺母在受到剧烈的震动后，很可能会出现松动，比如高铁在高速行驶过程中，车身与铁轨摩擦产生的震动。而这款螺母的精妙之处就在于，无论在什么情况下，它都能防止松动。

实现这一发明创造的若林克彦就是一个典型的拥有"求异"意识的人。哈德洛克螺母诞生于1974年，在当时的大多数人看来，无论多精密的螺母，都只能做到很少出现松动，做不到绝不松动。若林克彦并不认同这种说法，他凭借着不懈的钻研实践，最终利用楔形原理，造出了这款永不松动的螺母，并将它成功卖到了中国、澳大利亚、英国、波兰等国家。此

后，在多国的高铁、桥梁建造中，都能看到哈德洛克螺母的身影。

若林克彦的成功源于他的创新，但创新的背后是他拥有敢于"求异"的意识。

我做教育这么多年，有一个发现，就是教孩子愿意成为创新的人，比教孩子创新的难度更大。因为绝大多数人不愿意担责任、冒风险，也不愿意标新立异，他们更习惯走老路。

我们要做的，就是培养孩子成为愿意承担风险的人，让他享受创新，敢于标新立异，愿意挑战规则，能够反向思考，并且及时给他正向反馈，鼓励他"唱反调"。

孩子经常标新立异，久而久之就会形成习惯，喜欢挑战，不求异、不求新就会不过瘾，从而成为一个愿意"求异"的人。

让孩子具备"他山之石可以攻玉"的本领

不要总固守在一个领域，要学会跨界。比如我最开始是研究物理的，后来又去学了化学。当我用物理学领域学到的本领，解决了化学领域遇到的难题时，那我应用的这个技能对化学界来讲就是没用过的，这就实现了创新。

所以我告诉我的学生，到了大学阶段，一定要有一个主修一个辅修，辅修和主修都要修得很强。当把辅修变成主业，将主修领域学到的本领带进辅修领域时，就拥有了该领域的人都不具备的技能优势。这时就实现了创新，而且能持续创新，这样的孩子想不受欢迎都难。

让孩子具备"优化"意识，养成自主探索精神

对已有的方案多问一句"这是最优的吗？"。比如别人一秒输入 10 个单词，我可不可以尝试一秒输入 100 个？那该如何做到？需不需要用机器？需不需要写个程序？

从小就让孩子养成对已有的方案进行思考改进的习惯，想人所未想。当孩子实现了对过往成果的优化，甚至是颠覆，那他就实现了创新。在这个过程中，自然而然也锻炼了孩子自主探索的精神。

以上五个方面，不仅可以应用于学校教育中，家长们也可以灵活应用到家庭教育中。只有老师、家长一起努力，才能给孩子创造一个更完整的养育环境，帮助孩子养成科创思维。

但我要提醒一点，就是一定要引导孩子守住"德"的底线，培养他们树立这样的价值观：永不坑蒙拐骗，永不谋财害命，

永远做一个向善利他的人。不能成为一个精致的利己主义者。

当孩子具备了像科学家一样的思考习惯后，他就具备了自己的核心竞争优势。此时再用它去服务自己的兴趣爱好，就能形成自己独特的"科技+"优势，比如科技+雕塑，科技+绘画，科技+动漫……未来即使是在自己擅长的领域，这样的孩子也会比同领域的人多了很多"工具"，他在做任何事情时都会比别人更高效、更卓越，并成为自己领域内那颗闪闪发光的金子。

肖诗坚

> 我认为孩子的知识构建应该从他身边的生活开始,'生活即教育',尤其是在小学阶段,因为这个时期是孩子认知能力发展最快的阶段。

从生活中锻造能力和品格

贵州田字格实验学校总校长

肖诗坚

2010年,我创办了田字格助学机构,后来又创办了田字格兴隆实验小学,自己担任校长,我的目的都是帮助一些贫困地区的孩子实现读书的梦想。但是在对农村教育进行多次实地考察后,我发现农村的教育问题很多,其中最关键的一点,就是农村人口流动性导致家庭教育功能的缺失。对绝大多数农村家庭来说,家长的梦想就是让孩子走出大山,离开土地,吃上城里人吃的饭,读上城里人读的书,过上城里人过的日子。为此,他们倾尽全家的力量,把孩子送到镇小学或县城小学读书。为了能支付孩子的读书费用,大多数父母选择背井离乡,让孩子与老人在县城留守。因为对他们来说,孩子进了县城就意味着离城市更近了,离他们的梦想也更近了。

家长的心情是可以理解的,没有家长不希望自己的孩子未来更成功、更幸福，但是，对于把孩子送出大山就算是对孩子成功的教育，我是不认同的。古人有语：以乡之物教万民。我们现在也常说，教育要从孩子出发，以孩子为中心。如果能让孩子在了解、学习自己家乡的事物之后，再推及万物万理，是不是会更好呢？

所以，我认为孩子的知识构建应该从他身边的生活开始，"生活即教育"，尤其是在小学阶段，因为这个时期是孩子认知能力发展最快的阶段。孩子先学会认识自己的家人、自己生活的家乡、自己周围的世界，再伴随着年龄的增长和知识的丰富去认识更大的世界、探索更大的世界，这才真正遵循了孩子的认知规律。

如果我们一开始就让孩子脱离身边的环境和生活，去提前适应一个他们陌生的世界，那么孩子很容易形成自我否定。孩子会不断否定自己，觉得自己出生的家庭不好、环境不好，爸爸妈妈很可怜，为了能让自己上学，不得不离家千里去挣钱，供自己读书，自己要好好学习，努力成为城里人，摆脱这里。可现在又不得不留在这里，自己多不幸呀！

在这种想法的影响下，就算孩子未来真的过上了梦想中的生活，他所面临的环境与自己的成长环境也是完全不同的。要应对这些不同，靠的并不是他对自己以前成长环境的否定，而是他从小养成的能力和品格。所以，教育要培养什么？培养的应该是孩子的能力和品格。

可惜，很多家长都忽略了这两点，而更多地关注如何让孩子少吃苦，尽快过上舒适的日子。尤其是一些农村家长，他们给孩子规划的唯一出路就是走出农村，否则就没有其他选择了。大家关注更多的也是孩子的考试、分数、考什么大学，却忽略了生活对孩子的影响，弱化了教育培养人的过程，导致孩子逐渐失去了基本的生活能力和对生活的理解。这种做法不但让孩子的选择变得少之又少，也让家长自身陷入焦虑。

真正让孩子成长的力量，是孩子本身的力量。而激发孩子本身力量的人，就是家长以及我们这些教育者，其中家长的作用尤其关键。家长懂得生活、懂得教育的意义，才更容易教育出成功、幸福的孩子。

引导孩子发现问题，解决问题

我经常跟我们学校的老师说，你让全班都考90分，我不会奖励你，但是你要保证班级的及格率，孩子们必须具备基本的识字能力、读写能力。除此之外，你就教孩子各种能力，比如生活能力、与人相处的能力、表达能力、合作能力等，通过这些方式来帮助孩子认识生活，懂得与人合作，并从中了解自己和他人。孩子具备了这些能力后，到了青春期、中学阶段，才有可能运用自己的一些知识和能力去解决成长过程中遇到的问题。

当然，在培养这些能力时，我们并不需要孩子掌握得多么深刻、研究得多么深奥，他只需要去发现生活中的一些常见问题，并愿意去探索和思考，寻找自己能想到的解决方法就可以。比如有的孩子问我："老师，男孩的宿舍为什么会有味道呢？"你可能觉得这个问题很无聊，但孩子提出了问题，就说明他发现了这种现象，并对这种现象产生了好奇，我们要做的，就是鼓励他自己去弄明白，寻找解决问题的方法，或者是做一些实验去论证，然后再把解决问题的方法梳理出来，必要时还可以把论证过程写出来，在同学面前答辩。这就是孩子解决问题的过程。

教育是每时、每刻、每个地方都可以发生的，我并不主张只在学校、课堂里培养和教育孩子，家庭、周围的环境都能成为孩子接受教育的地方。比如，我们在学校附近自建了一个农场，孩子们每年春天都会进去种菜，菜成熟后，他们再去收割、售卖；农场附近还有小商店，也是他们自己经营的。这里就像一个小社会，孩子们都有自己不同的角色，通过各种沟通交流建立起自尊、自爱、自信，同时也能了解自己的职责、权利与义务，学会解决自己面对的每一个问题。

在家庭中，我们也可以多为孩子提供这样的机会，比如看看父母是如何工作的，学学父母是怎样与人相处的。这些能力孩子无法从课本、课堂上学到，但能帮助他们未来更好地适应社会、解决难题、与人相处。

学会用恰当的方法激发孩子的学习动力

孩子的学习动力从来不是来自外界，也不是家长和老师督促出来的，而是来自他内在的驱动力。我经常说要"以童为师"，就是说我们成年人要多向孩子学习。你要当好老师、好家长，就要放低身段。我的大儿子是个左撇子，我一直支持他用左手写字。上学后，老师要求他改用右手写字，他回来不开心，就告诉了我，我去跟老师沟通，希望还是遵从孩子的本性，因为这对孩子来说是一件很重要的事。

这又让我想起了另外一件事。英国有一所学校，每学期都要准备一台话剧，然后把一学期的课程融入其中。由于要提前准备，孩子们就必须学习怎样表达台词、怎样表演、怎样绘画、怎样设置舞台背景，最后才能站在台上完成这个话剧。在这个过程中，孩子们就能将一学期的基本课程都复习一遍。

所以，我们不要认为孩子是不愿意学习的，每个孩子天生都是想学习的，并且为了学习、为了成长他们可以很无畏。有些孩子不愿意学习，很可能是因为家长、老师给他们的压力太大了，让他们产生了厌恶心理，丧失了对学习、对探索各种事物的兴趣。如果我们学会用恰当的方法激发孩子，为孩子提供合适的环境，让他们去表达、去展示，他们都愿意成为更好的自己。当孩子在各种经历中遇到问题时，他们会发现，自己还是需要通过学习来增长知识，解决更多的难题。这是人类的天性，也是社会进步的基础。只要遵循孩子的这个天性，就无须担心孩子丧失学习动力。

从生活中培养动手力和创造力

在国外生活期间，我发现在很多家庭中，男人都承担着修修补补的工作，因为从外面找修理工比较贵，而且他们很少出去吃饭，大部分时间都是在家里做饭宴客。这些家庭中的男人掌握了很多修理技术，女人的烹饪技术也很棒，并且他们还很重视生活的情调、品位，有时还会自己设计、自己装修。

但是，我们身边很多人对家庭生活中的一些事情反倒越来越依赖外界了，比如从网上买东西，请阿姨收拾家务，叫外卖，找社区工作人员修理家里坏掉的东西等，自己的动手能力越来越弱。在这种家庭中成长起来的孩子，动手能力、创造能力等也很难变强。

我一直强调"生活即教育"，它的前提是家长一定要懂得生活，理解生活的本质。如果我们的生活能力越来越差，回到家就刷手机，周末搓麻将，却要求孩子去看书、学习，或者具备这样那样的能力，这是不公平的。教育应该先从成人开始，然后才能把教育理念传递给孩子。所以，我们根本不需要去刻意地教育孩子，只要带着孩子把日子过好、过得幸福，完成你的角色传承，父亲有担当，母亲能独立，家庭有分工，孩子就能从中受到很好的教育，也知道自己未来应该成为什么样的人。

吴子健

> 求同存异、富有想象力和创新的精神，才是一个人成才的必备条件。
> 我们应该允许孩子有不同的想法，鼓励孩子从不同的角度寻找不同的答案，帮助孩子尽情地发散自己的思维，展现自己的独特价值。

保护叛逆，就是保护创新

上海包玉刚实验学校前总校长

吴子健

2020年春，我参加了包玉刚实验学校（以下简称"包校"）RUN-A-WAY俱乐部成立5周年的一次骑行活动。这个俱乐部自成立以来，每年都会进行"三湖三岛"——太湖、千岛湖、青海湖、海南岛、崇明岛和台湾岛——环湖与环岛自行车骑行活动。有一次，在骑行的路上，我问一位参加骑行的八年级女生："你来包校以后，哪件事让你到现在都印象深刻？"

她告诉我，她到包校一年级时的第一节课，老师就问了大家三个问题："你和别人一样吗？你有什么不一样？你喜欢与别人不一样吗？"

这三个问题，包括后来同学们的回答，一直伴随她8年的成长和学习，让她非常自信。

当然，我们提出这三个问题是容易的，但由这三个问题引发的许多预想不到的事情，却是我们作为教育者或家长必须予以思考并真正解决的。

我先跟大家分享一个发生在包校的真实故事吧。

有一次，在中学部行政会议上，分管品格教育的领导向我反映，最近包校的网络被入侵了，入侵者竟然是个七年级的学生。由于他通过网络可以看到我们学校教育、教学与行政管理内部的所有邮件，所以必须严肃处理，但我觉得还是应该先了解清楚事情的原委再做决定。调查后得知，这个孩子只是想看看包校的网络安全设置到底是什么水平，也想检验一下自己的信息技术到底是什么水平。后来又了解到，他刚刚转到我们学校两周，我们跟他的家长沟通后，才知道从他小学起，家长知道他对信息技术很感兴趣，就给他买电脑，但是又不给他买整机，而是买电脑零件让他自己组装，每次电脑升级换代时也是这样做。

这让我们感觉到这个孩子在信息技术方面很有潜力。于是，我们一方面对他进行了批评，另一方面为他安排了辅导老师来教授他信息技术方面的知识，更加深入地激发他的潜力。之后，他也真的发展得非常好，和同学一起发明了导盲手机，获得了上海市青少年科技创新大赛一等奖，又获得了中国科协的肯定，作为中国科协英才计划的一员参加了各种国际计算机论坛，并入选国家队，出征在美国洛杉矶举办的国际中学生科创最高赛事"英特尔国际科学与工程大奖赛"，他自主研发的《由智能 DNS 云服务器和分布式智能路由器构建的智能 DNS 系统》项目，获得国际计算机协会专项奖。

获奖回国后，他在高二暑假紧张的复习备考时间里，以总队长的身份，带领包校爱好科创的 7 名学弟学妹，作为平均年龄最小的两支队伍，又在国际科创马拉松大赛中脱颖而出。现在，由他设计的智能环境监测系统已经在包校投入使用了。

这件事让我很感慨。很多时候，我们会对孩子的行为感到不解，甚至认为孩子不听话、不服管教、太叛逆。很多学校的老师都要求孩子们在上课时必须端端正正坐好，安安静静听课，甚至要求手放在背后，要发言必须举手，上课时不能交头接耳，不能打断老师的话……总之都是"不行""不能""不可以"。但是，这样用"不"培养出的孩子，能有多少创新能力呢？个性能够得到多少发展呢？

现在有个很热的名词，叫"工匠精神"。在德国，从幼儿园、小学开始，老师和家长就按照孩子的个性特长来设计他的专业学习和发展路径，并且有 60% 的孩子将会进入专业的职业技术学校，所以德国的工业水平和产品技术是世界一流的，因为它尽量保证了每个孩子都能按照自己的个性来发展，并取得成就。

我认为，教育的本质应该是尊重孩子的个性。我经常跟我们的老师说，我们必须重视研究学生，要尽可能地了解每一个独一无二的孩子，给予他们最适合的教育，让他们感受到自己的价值，拥有幸福的童年。

在研究孩子的行为时，我经常说一句话：保护叛逆，就是保护创新。孩子到了初中后，都会出现一种叛逆心理，可能做出一些我们老师、家长难以接受的出格的事，但这正是他们的成长。

在这里，我用三个事例告诉大家，如何做到"保护叛逆，就是保护创新"。

探索力和创新力从哪来？

◎ **第一个事例：抽水马桶的故事。**

有一天上课，我们学校小学部的保洁工发现，一个小男孩正在厕所里拆装抽水马桶的水箱呢！他确实把水箱拆下来了，但最后因为螺丝帽掉到了马桶里，他装不回去了。

课后，我们把这个孩子叫到办公室，问他为什么这么做。他说，他就是想研究一下马桶的构造和抽水的原理，因为他自己家里的马桶与水箱是连体的，不能拆，而学校的马桶与水箱是分体的，可以拆开来研究。

我们告诉孩子，这样做万一水箱掉在脚上不安全，同时请来了这个孩子的家长，跟家长沟通后我们了解到，这个孩子从懂事起，除了爸爸的名贵手表没拆过，家里的其他东西几乎都拆装了一遍。家长批评了孩子，不应该擅自拆装学校的物品，同时他们也做了一件让很多人吃惊的事：他们马上会带着孩子去买个分体式马桶，让孩子回家进行拆装后的研究。

后来，这个孩子到五年级时，就在香港举办的乐高国际竞赛中获得了一等奖。我觉得这与家长对他的探索能力和创新能力的保护是分不开的。

很多时候，我们可能不理解孩子为什么有那么多的问题，为什么对一些很平常、很普通的事物兴趣盎然，不厌其烦地想要弄清楚许多现象是怎么回事，有时为了弄清一些事物与现实问题甚至会做出各种"破坏"行为。面对孩子的这些表现，有的家长会生气地制止，或者责骂孩子不务正业、耽误学习。殊不知，这些都是孩子强烈好奇心的表现。

孩子天生就是科学的探索者，对这个世界充满了好奇，在成长过程中也会不断地探索和学习。如果能尊重和保护孩子的这种好奇心，就像案例中的那对父母一样，支持孩子积极地去探索和求知，那么孩子就会带着对科学探究的热情和好奇心茁壮成长。这种热情和好奇心会让孩子获得更加宽阔的成长空间，未来也会有更多成功的机会。

为孩子创造探索和求知的条件

◎ 第二个事例：《光明与黑暗之书》。

包校中学部采用的是家庭式的寄宿教育，即教师家庭与学生们住在同一个宿舍楼内的单元里，教师以及教师的父母和孩子与学生真的像一家人一样。有一天，学校宿舍熄灯后，老师突然发现有个学生房间里传出声音，过去一看，发现两个八年级的男孩正在电脑前讨论问题。按照宿舍管理规定，为了不影响其他同学与教师家庭的休息，电脑肯定是要被暂时收掉保管的。

但是，老师了解情况后得知，这两个男孩正在创作一部小说，叫《光明与黑暗之书》。他们之所以要创作这部小说，是因为在人文课上听老师讲了发生在19世纪的普法战争后，对这一历史事件非常感兴趣，就通过查阅英文原版资料，结合外籍老师的讲解和中文老师的指导开始创作。小说中有两个主人公，一个是普鲁士士兵，一个是法国士兵，通过描写他们的内心活动来展示战争的整个场景。虽然在普法战争中，法国被视为正方，普鲁士被视为反方，但孩子们认为，光明中有黑暗，黑暗中也有光明，两个孩子便在创作过程中进行深入的交流与讨论。由于出版社急着出版，他们只能利用晚上进行讨论赶进度，这才被同住一幢楼的老师发现了。

了解到这个情况后，老师不但没有收走他们的电脑，还把他们安排到另一个房间去讨论，为他们创造条件完成创作。这部作品出版后，得到了业内多位学者的好评，作品的名誉主编、"人民教育家"于漪老师在审阅书稿后，还为这本书写了一段评语："席时雍、丁坚容两位八年级学生创作的《光明与黑暗之书》用文学的笔触把这场战争刻画得波澜迭起，惊心动魄，一个个人物形态各异，历历如在眼前。中学生伙伴阅读该作品，不仅可以满足好奇心，更能步入时间隧道，观看历史风云，倾听王朝瞬息的声响，思考人生的追求，谴责战争的罪恶。两位作者年仅十四五岁，小小年纪有如此的文学爱好、文学潜能、文笔功夫，令人欣喜，值得称赞。"

然而就是这两个孩子，在转入包校前，曾被原就读小学的老师评价为"只喜欢看课外书，学习不努力，长大后不会成才"。但是非常重视、关爱每一个学生的包校的中文老师却看到了孩子们的优点，鼓励孩子通过文学创作来增强自信心。

古希腊哲学家赫拉克利特说过："人不能两次踏进同一条

河流。"近40年的教育教学经验让我越发坚信，每一个孩子都是独一无二的，我们应该根据每个孩子的个性和特长，为他们创造探索和求知的条件，鼓励和支持孩子的个性发展。不要总以孩子是不是听话、是不是好管教，或者以分数、名次来断定孩子是不是有出息、有成就，这些都太片面、太狭隘了。要多去发现孩子身上的闪光点，并遵照孩子个体的成长规律，陪伴和引导他们去走自己最独特的那一条路。

鼓励孩子从不同角度寻找答案

◎ **第三个事例：一只眼睛的大熊猫。**

这个事例发生在我当年工作过的上海建青实验学校幼儿园。有一天上课时，老师拿出一幅画，上面画了一个只有一只眼睛的大熊猫，然后老师问孩子们："大家想一想，这幅画画得对不对呢？"

孩子们纷纷举手说"不对"，只有一个孩子举手说：这幅画是对的。老师没有简单地下结论，而是非常亲切地问这个孩子："你说说看，为什么你认为这幅画是对的呢？"

这个孩子站起来，很认真地说："有一次，妈妈带我去动物园，我就看到了一只眼睛的大熊猫。"说着，他还上台用笔在黑板上画起了大熊猫，画完后大家发现，他画的是大熊猫的侧面。从一侧看，大熊猫的确只有一只眼睛。

这时老师说，孩子们的两种回答都是对的，要看从哪个角度去观察事物，并且对这个孩子独特的观察和表达进行了肯定和表扬。

以上三个事例都说明，在很多时候，孩子的举动、言语可能和常人所认为的不一样，但这些恰恰就是个性的表现和创新的火花。并且，求同存异、富有想象力和创新精神，才是一个人成才的必备条件。我们应该允许孩子有不同的想法，鼓励孩子从不同的角度寻找不同的答案，帮助孩子尽情地发散自己的思维，展现自己的独特价值。这才是真正有益于孩子成长的好的教育。

有一次，一位十一年级的学生家长与我闲聊，说今年暑假担惊受怕了一个月，因为女儿一个人跑到南非德班农村参加了一个营地志愿项目。

她在营地的工作之一就是陪伴当地孩子进行滑板车运动，还要负责清理杂草。有几次，劳动后手上都是水泡，脸都晒脱了皮，累的手臂都抬不起来。

营地里经常停水停电，很少有电子信号，所以她几乎与外界隔绝。她住的房子在营地最深处,七月是南非的冬天,屋顶是用铁皮搭成的。虽然有蚊帐,但还是不时有飞蛾、蚂蚁、跳蚤从缝隙里钻进来,全身经常被跳蚤咬得都是包。

虽然工作与生活条件艰苦,但孩子还是坚持了下来。

其实,这位女同学在2017年暑假就曾到云南省一个偏远的山村支教。她说:"当我第一次看到农村的平房,看到自食其力的孩子,看到无法上大学的女孩,百感交集,第一次意识到我的见识与经历太短浅,我对生活的感知只是我面前的一切。如果我只是生活在父母给我的温室中,结识相似的朋友,每天只是在学校与家庭中,我可能无法成长为一个有正确理念与坚定毅力的人。"

2014年,为了让每一位青少年都可以更简单、更便利地直接创建并开展公益活动,包校小学部的两位学生作为主要创始人,与一批充满热情并希望地球更美好的青少年创办了小小阳光(S.U.N.)。让每个青少年都是一颗小小的种子,每颗种子都能长成大树,每颗种子为了自然团结起来(Seeds Uniting for Nature)。

2015年5月,包校创办学生再次作为年龄最小嘉宾(11岁)受邀赴孟加拉国参加全球社会企业日,在大会上介绍了小小阳光和中国青少年所从事的许多公益实践活动。通过对创始人获得过诺贝尔和平奖的格莱珉银行、农村社会企业、国外贫民窟等地的参访，与会代表更加深刻地理解了经济和地区发展的不均衡，理解了这个世界需要年轻人的努力去创造一个消除贫困的未来美好世界。

2019年年初，包校创办学生又作为唯一中国学生代表，被选拔参加世界经济论坛期间在达沃斯举办的首期WAY青少年达沃斯论坛。来自全球十几个国家的20名13~18岁青少年参加了这个论坛，并就反抗校园暴力和人工智能等主题进行了深入的探讨。作为论坛成果，全球青少年代表用8种语言起草了反抗校园暴力的倡议信，通过联合国相关机构传播到近100个国家。

爱因斯坦有一句名言："每个人都是天才，但如果你用爬树能力来断定一条鱼有多少才干，它整个一生都会相信自己愚蠢不堪。"希望我们不要用"爬树的能力"来断定孩子这条"鱼"的才干，而是用驰骋大海的潜力来鼓励孩子勇敢地追寻自我的梦想和成功。

黄玉峰

> 好的教育，
> 应该能够激发出孩子真善美的一面，
> 能够在孩子的内心建立起某种好的行为规范，
> 让孩子自动自发地养成良好的品德与修养。

在孩子心中播下
"做君子"的种子

上海复旦五浦汇实验学校校长

黄玉峰

2015年,我在学校里提出了"人生教育,君子养成"的教育理念,并且在我所管理的学校里,所有的教育都是围绕"君子养成"来展开的。

所谓"人生教育",就是不但要关心孩子的今天,还要为他们的明天负责;不但要关心他们的成绩,更要关心他们的德、智、体、美、劳的和谐发展,赋予他们作为未来人才必备的素养,赋予他们享受幸福的能力。

"君子养成"的概念来自中国优秀的传统文化。中华历史数千年,无论在民间还是在浩瀚的典籍中,都把"君子"作为育人的目标,把"立德树人"放在首位。不过,我们今天所说的"君子"已经不再是向后看,而是向前看了,它有别于古人,有望于未来。我们要养成的是"现代君子",是能够海纳百川、追求卓越、开明睿智、大气谦和的"君子",更是懂得为自己的人生负责、对自己的生命负责的"君子"。好的教育,应该能够激发出孩子真善美的一面,能够在孩子的内心建立起某种好的行为规范,让孩子自动自发地养成良好的品德与修养。尽管现在中国的创新教育很多,但我们不能忘记了根本。

有一年,我们学校的学生毕业时,学校准备搞一次热热闹闹的毕业典礼。让我没想到的是,孩子们居然联名给我写了一封信,要邀请学校内所有的保洁员、宿管、保安等服务人员都来参加他们的毕业典礼。我当时还不太理解,因为毕业典礼都是学校的老师、领导们参加,我还想邀请校外的两个大人物来"撑场面"呢!结果,孩子们给我写了一段话:保洁员阿姨帮他们打扫过卫生,宿管阿姨帮他们整理过寝室,保安叔叔保护过他们的安全,现在,他们要毕业了,他们想在毕业典礼上向这些曾经帮助过他们的人表示感谢。说实话,孩子们的这段话让我特别感动,我甚至觉得自己都不如他们。

现在看来,如果说我提出的"人生教育,君子养成"这个理念有一点点成就,我想这件事就是一个很好的体现。这些孩子不但平时做到了彬彬有礼,还懂得看到别人为他们做的事,能够想到对别人的付出表示感恩,这不就是一种"君子所为"吗?

孩子要有享受幸福的素质和能力

在任何时候，教育的目的都是人的成长，即旨在培养能够终身享受幸福的人。不管遇到什么样的挫折和风浪，孩子都要有享受幸福的素质和能力。一位学者曾说：大自然造人的时候，只造了人的一半，另一半要靠教育。人的本能中有一种求知的需求，要由教育来完成。教育，就是为了让人更加完善。我们可以通过培养孩子的品德、提升孩子的修养，来帮助孩子获得享受幸福的素质和能力。

2008年，我在复旦大学研究院做了一场报告，题为《"人"是怎么不见的》。我在报告中提到，现在有"五条绳索"捆绑着我们的孩子，这"五条绳索"就是功利主义、专制主义、训练主义、科学主义和技术主义。它们浮躁浅薄、急功近利，扼杀个性、奴化教育，制造工具、剥夺灵性，貌似科学、堂皇迫害，专讲技巧、反复操练。结果，它们让孩子的独立人格不见了，独立思想不见了，自由的精神也不见了。归根结底，是"人"不见了。

现在有个很常见的词，叫作"学霸"，很多人都理直气壮地称自己要做"学霸"。有"学霸"，就一定有"学渣"，但是在我看来，一些"学霸"与"学渣"其实是"学奴""学囚"，并不是在自主、自动、自发地学习。

我们学校有个学生，二模考试时考得不好，哭得非常伤心，大家问他为什么哭，他说："我爸爸妈妈为我付出那么多，花那么多钱给我补课，我怎么对得起爸爸妈妈？邻居也会笑话我的，天天补课还考得这么烂！"

你看，这样的孩子，学习、读书是为自己吗？

不管在任何时候，孩子学习、读书都应该是为了自己一生的修为，为了成为一个有享受幸福的能力与素质的人——须知，享受幸福是需要素质和能力的，而不是为了满足父母的面子或堵住邻居的嘴。所以，教育孩子应该是为了激发和引导他们的自我发展之路，培养他们自由的人格和创造性的思维，最大限度地挖掘他们的潜力，让他们学会学习、学会做人、学会做事、学会合作，享受学习的快乐，享受与人相处、与人共同成长的快乐。这样的孩子，未来才能成为真正拥有幸福感的孩子。

当然，孩子在学习过程中会遇到很多的困难、挫折，也会遭遇失败，这时就需要家长和老师耐心地引导，我觉得这里有两点很重要。

告诉孩子遇到事时"不要抱怨"

我在学校里经常跟孩子们讲一句话，叫"人不知而不愠"，简单地说就是不要埋怨。为此，我也特别重视在学校里营造一种比较和谐、友好、积极向上的氛围。比如，孩子们学习压力大时，脸上没有笑容，我每天早晨在校门口迎接他们到来时，都会对他们笑一笑，欢迎他们来到学校。他们叫我一声，我也回应他们一声，这会适当缓解他们紧张、压抑的心情。

每年开学时新生要军训，我们学校周围有很多农田，夏秋季节蚊子比较多，有的学生就抱怨说："这个地方蚊子怎么这么多，真是讨厌！"这时马上会有同学说："黄校长不是说了嘛，不要生气，不要抱怨，赶跑它们就行了呀！"

我觉得，如果一个人遇到问题时能够做到不生气、不抱怨，并且理性地去对待，积极地去解决，那就很好了。因为世界不可能很完美，孩子总会遇到不顺心的事，所谓"卑以自牧"，就是说我们要用谦虚的态度来修养自己的德行，管理好自己的言行。即使发现是别人错了，也不埋怨，而是努力寻找化解问题和矛盾的方法，文质彬彬的君子就是这样培养起来的。

要对孩子进行孝道教育

孝是仁爱之本，中国古代讲"百善孝为先"不是没有道理的。在家庭中，如果孩子连自己的父母亲人都不爱、不孝，他怎么可能会爱别人呢？即使表现出对别人的爱，那也是假的。

在我们学校，六年级的孩子刚刚进学校时，老师会对他们进行感恩教育，也就是教育和引导孩子感谢自己的父母家人。教育的方式首先从"孝"开始讲起，引导孩子爱自己的父母，感恩自己的父母，孝敬自己的父母，然后再一点点推而广之，到"老吾老以及人之老，幼吾幼以及人之幼"，最后逐渐推广到对周围的环境、对社会的爱。

当然，孩子对父母的爱是天然的，无须刻意去教，但我也经常跟家长们讲，不要总是在孩子耳边喋喋不休地唠叨，否则会让孩子感到厌烦，甚至影响亲子关系。

有一次，一位妈妈早上7点多给我打电话，说自己的孩子不愿意上学了。一问原因，原来是前一天晚上母子俩吵了一架，孩子一着急，就大声跟妈妈说："你再逼我，我就……"妈妈怕孩子走极端，想请我到他们家里一趟，劝劝孩子。

我赶紧来到孩子家里。孩子把自己关在房间里，我就在外面和他说了一会儿话，因为有事，就先回学校了。下午，我又一次去他家，他还是不肯开门。

晚自习时，我又带着平时经常和他一起踢球、一起玩的几个同学到他家里，几个男孩子在门外和他讲话、劝他，还又唱又跳的，逗他开心，甚至"骂他"，最后门终于开了。这个男孩开门后，便直奔冰箱，从里面拿了很多好吃的塞给我们，气氛一下子就缓和了。

事后我了解到，这个孩子的妈妈平时就比较唠叨，喜欢拿孩子和其他孩子比较。时间长了，孩子越来越反感，和妈妈之间的矛盾也越来越深，哪里还懂得妈妈的苦心呀！

后来，我跟孩子妈妈进行了耐心沟通，劝说她不要总在孩子耳边唠叨。如果孩子不理解，很容易产生逆反心理，对父母的意见越来越大，亲子间的沟通也会遇到障碍。在这种情况下，你有再好的教育理念，孩子都听不进去，更不可能照做，岂不是徒劳？更重要的是，他对你那么抵触，又怎么能感恩你、孝敬你？

这一日三次家访的经历，给我留下了深刻的印象。教育必须耐心，家庭教育必须创造和谐的家庭氛围，这比什么都重要。

在教育孩子的过程中，唠叨不过是一种说教，并不能真正影响孩子，你要用行为来影响他。为孩子营造一个和睦、温馨、平等的家庭环境，孩子自然会懂得爱父母、孝敬父母、感恩父母。这是比任何言传都有效的身教方式。

在50多年的教育生涯中，我碰到过很多成绩很好，但品德不好、修养不够的学生，也碰到过很多成绩不好、人很调皮，但性格豁达、彬彬有礼的学生。后一类学生长大后，有不少都发展得很好，对学校、对老师、对家人也都怀有感恩之心，事业也很成功。

做教育的人，都希望看到自己教育的孩子能成为谦谦君子，能有美好的未来，能在适合自己的领域内实现生命价值的最大化。我们不必奢求孩子一定要成大器，但孩子至少应该成为一个真正的"人"。站在人的一生的角度来看，比成绩更重要的就是好的品德和修养。如果孩子始终能以"君子"的标准要求自己、修炼自己，并对周围的一切怀有仁慈、感恩的心，那么他不仅可以获得内心的安宁与幸福，还会去帮助更多的人。这既是一种君子行为，更是自己作为一个君子而忠于内心的表现。